토론과 대화에서

지지 않는 논리학

토론과 대화에서
지지 않는 논리학

초판 발행 • 2023년 10월 30일

지은이 • 케빈 리(이경훈)
발행인 • 이지연
펴낸곳 • 이지스퍼블리싱(주)
출판사 등록번호 • 제313—2010—123호
주소 • 서울특별시 마포구 잔다리로 109 이지스 빌딩 5층(우편번호 04003)
대표전화 • 02—325—1722   **팩스** • 02—326—1723
홈페이지 • www.easyspub.com   **이지스에듀 카페** • www.easysedu.co.kr
인스타그램 • @easys_edu   **바빠 아지트 블로그** • blog.naver.com/easyspub
페이스북 • www.facebook.com/easyspub2014   **이메일** • service@easyspub.co.kr

본부장 • 조은미 | **기획 및 책임 편집** • 정지연, 박지연, 이지혜 | **교정** • 박희정
표지 디자인 • 손한나 | **내지 디자인 및 전산 편집** • 트인글터 | **인쇄** • 명지북프린팅
마케팅 • 박정현, 한송이, 이나리 | **독자 지원** • 오경신, 박애림
영업 및 문의 • 이주동, 김요한(support@easyspub.co.kr)

ISBN 979-11-6303-516-9 03170
가격 18,000원

* 이지스에듀는 이지스퍼블리싱의 교육 브랜드입니다.
(이지스에듀는 아이들을 탈락시키지 않고 모두 목적지까지 데려가는 책을 만듭니다!)

토론과 대화에서 지지 않는 논리학

케빈 리 지음

이지스에듀

논리적인 사람이 된다는 것

– 토론과 대화에서 지지 않는 논리학

우리가 사는 세상은 늘 이치에 맞게 돌아갈까요?

당연하게도 그렇지 않습니다. 비논리, 반 논리가 섞여 있습니다. 쉽게 말하면 헛소리, 엉터리, 거짓말이 뒤섞여 있습니다. 개인도 마찬가지입니다. 때로는 감정에 호소하기도 하고, 때로는 논리에 안 맞는 말이나 행동을 하기도 합니다. 어떤 사람은 이를 알아차립니다. 하지만 어떤 사람은 깨닫지 못하고 살아갑니다. 사실, 논리를 고민하고 탐구하면서 살아가는 사람은 매우 드뭅니다. 사람들에게 '이치에 맞게 생각하기'를 도와주는 학문이 바로 '논리학'입니다.

오늘날 사회는 '비판적 사고력(=논리학)'을 강조합니다. 학교와 직장에서도 너 나 할 것 없이 비판적 사고력을 길러야 한다고 말합니다. 그것이 진취성과 창의성을 지닌 인재가 되는 길이라고 말합니다. 그러니까 비판적 사고력(=논리학)은 이제 우리 삶에서 무척 중요한 능력으로 자리잡았습니다. 더는 논리학이 철학과 전공자들의 소유물이 아니라는 뜻이지요. 그런데 어떻게?

누구에게나 논리학이 필요하지만, 아직은 누구나 소유할 수 없는 현실! 저는 그 현실을 좁혀 보려고 이 책을 썼습니다. 누구나 실천 가능한 '세상에서 가장 쉬운 논리학'을 만들고 싶었습니다.

이 책은 〈디베이트 논리학〉이라는 대학원 수업에서 나온 다양한 시각과 자료를 제가 총정리한 것입니다. 디베이트(=토론)를 잘하려면 제대로 된 논리가 따라야 합니다. 하지만 '디베이트에만 논리가 필요할까? 앞서 말한 대로 누구한테나 필요하지 않을까?' 하는 생각이 제 머리를 가득 채웠습니다. 그래서 이 책이 기획되었습니다.

미국 플로리다 A&M 대학에서 철학을 가르치는 마이클 라보시에 교수는 '논리의 오류'를 제게 처음 알려준 분입니다. 20여 년 전 '어떻게 하면 학생들에게 논리를 알려줄 수 있을까?'를 고민하다가 인터넷에서 이분을 만났습니다. 이 분은 제 요청에 관련 자료를 보내 주며 격려해 주었습니다. 라보시에 교수는 우리 생활 주변에서 접할 수 있는 각종 논리들이 어떤 오류를 갖기 쉬운지 종류별로 분류하고 정의했습니다. 그러니까 어떤 논리가 옳은가라는 식으로 접근한 논리학이 아니라, 어떤 논리가 오류를 갖고 있는지를 거꾸로 짚어 보는 방식입니다. 실수하는 사례를 통해 논리를 배우는 것이기 때문에 재미있고 설득력이 있었습니다.
이처럼 평소 사람들이 쉽게 저지르는 논리의 오류에 대해 잘 알고 있으면 그만큼 '빈틈없는 논리의 구사'가 가능합니다.

이 책도 마찬가지입니다. 논리적인 주장을 하거나 근거를 댈 때 자주 나타나는 오류를 총정리하여, 이 오류들만 기억한다면 토론이나 면접뿐 아니라, 동네에서 '말싸움'을 하더라도 이길 수 있도록 쉽게 만들었습니다. 게다가 그 오류들을 유형화하여 쉽게 익히고, 또 쉽게 기억할 수 있게 한 것이 이 책의 가장 큰 장점입니다.

또 원고 정리의 단계 단계마다 대학원생들이 확인하고 고쳐 주어 더욱 독자들이 쉽게 읽을 수 있도록 도움을 받았습니다. 말하자면 토론 전문 대학원생들의 '베타 테스트'를 거친 책이지요.

'논리학이 쉽다.'는 말이 아직 가슴 깊이 와 닿지 않나요?
그럼 그림으로 쉽게 다가가 볼까요? 아래 그림을 보세요. 이 셋 가운데 가장 안정감 있는 그림은 무엇인가요?

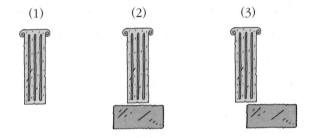

아래 그림은 어떤가요? 이 가운데 가장 안정감 있는 그림은 무엇인가요?

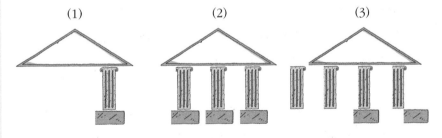

문제가 너무 뻔하지요? 정답은 두 문제 모두 (2)번입니다. 정답을 맞추었나요? 그렇다면 여러분은 논리학을 공부할 자격과 능력이 있습니다. 그 까닭은 이 책에서 하나하나 설명하겠습니다.

어떤 사람들은 그 어떤 꿍꿍이셈으로 비논리, 반 논리를 폅니다. 그래야 이익이 생기니까요. 이것을 다르게 말하면, 합리적 사고를 하는 사람들이 손해를 본다는 뜻입니다. 그러나 '합리적 사회'에서는 비논리와 억지가 발을 디딜 틈이 없습니다. 이런 뜻으로 보면, 논리 훈련은 한편으로는 사회 운동입니다. 합리적 사고는 비논리와 반 논리를 가려 내어, 무한 이익을 추구하는 것보다 더 중요한 일이 있음을 알기 때문입니다. 그것은 바로 함께 사는 사회입니다.

컴퓨터를 배울 때 컴퓨터 사용 설명서를 보듯이 이 책은 논리적인 사람이 되기 위한 사용 설명서입니다. 그러나 이 책을 읽는 것만으로 논리학을 꿰뚫었다고 말할 수는 없습니다. 하지만 마치 컴퓨터를 사용하다 보면 점점 익숙해지는 것처럼 논리도 이 책에 나온 대로 이론을 알고 실생활에 적용하다 보면 탄탄해질 것입니다.

이제 토론이나 글쓰기를 할 때, 회의나 미팅에서, 이 책의 분류에 따라 내가 어떤 근거를 활용하여 주장을 펼치는지 확인해 보세요. 또, 다른 사람의 글이나 주장을 듣고 어떤 근거로 주장을 펼치는지 분석해 보세요. 그 과정에서 어떤 오류를 저질렀는지 곱씹어 보세요. 이런 식으로 자꾸 연습하다 보면 제대로 된 논리를 짜는 일, 상대방의 주장을 분석하는 일이 쉬워집니다. 또 토론이나 글쓰는 일, 회의나 미팅을 하는 일이 즐거워집니다.

이제 비논리, 반 논리에서 벗어날 준비가 되셨나요? 그럼 '세상에서 가장 쉬운 논리학' 속으로 들어가 볼까요?

케빈 리 씀

성공하는 면접의 힘, 논리를 쉽게 익힐 큰길을 제시

정부의 새로운 정책에 의해서 정시 모집이 점차 늘고 수시 모집이 감소하고 있습니다. 그러나 주요 대학에서는 여전히 학생부 종합 전형의 비중이 크고, 학생부 종합 전형이 서류형과 면접형으로 나뉘면서 면접의 역할이 오히려 더 커졌습니다. 더군다나 2024학년도 입

유웨이 교육평가연구실장/부사장 이만기

시부터 대입 공정성 강화 방안에 따라 학교생활기록부에서 비교과의 비중이 현저하게 줄면서 상대적으로 면접과 내신의 힘이 더 커졌습니다. 더욱 중요한 것은 국가교육위원회에서 미래형 수능을 구안하고 있는바, 미래형 수능은 논·서술형 수능으로 수렴하고 있다는 것입니다. 면접과 논술을 준비하는 데 가장 중요한 요소 중의 하나는 논리입니다. 이때 케빈 리 교수가 새로운 책을 통해 논리를 쉽게 익힐 큰길을 제시하니 고마울 따름입니다. 이 책이 우리나라 디베이트의 또 하나의 기둥이 되기를 바랍니다.

논리의 부재, 말장난에 통쾌한 반격을 할 수 있게 해 주는 책

이 책의 저자는 토론 전도사를 자처합니다. 저자에게 토론이란, 특정 계층의 지식 향연이 아닌 우리 모두가 대화하는 현장에 존재하는 것입니다. 그 안에 부재한 논리들을 보완해 주는 것이 본인의 소명이라고 생각합니다. 이런 사람이 있다는 것에 힘이 납니다.

연수여고 교감 김효영

이 책은 토론 수업을 갈망하는 교사에게 생생한 현장의 논리 학습법을 전해 줍니다. 특히 논리의 부재로 토론이 말장난으로 끝나 버리는 경우에도, 무엇이 오류인지 알 수 없었던 제게 통쾌한 반격을 할 수 있게 해 주는 책입니다. 관록 없이 절대 나올 수 없는 논리학 실제들이 이 책에는 가득합니다. 토론 수업을 주저하는 교사들에게 토론에 적합한 주제, 학생들이 흔히 범하는 논리의 오류, 제대로 된 논리의 구성들을 알차게 전해 주는 현실적 제안서이기에 권해 드립니다.

불통의 시대, 소통의 힘을 키워 주는 책

소통이 어렵다는 말을 많이 듣습니다. 인류 역사상 그 어느
때보다도 소통을 위한 도구는 많아졌는데, 오히려 우리는
불통의 시대를 살고 있는 것입니다. 그렇다면 제대로 소통
한다는 것은 무엇일까요? 여러 답변이 있을 수 있지만, 저는
'올바른 논리에 기반한 대화'라고 생각합니다. 우리 사회에
주장은 있지만, 그에 걸맞은 타당한 근거나 논리는 갖추지

국회의원 민병덕

못한 경우가 많이 있습니다. 그러다 보니 배가 산으로 가거나 고성이 오가는 것 아닐
까요? 국회에서도 자주 보이는 장면입니다.

누군가 제게 불통의 시대 어디서부터 풀어 나가야 하는지 묻는다면, 저는 우리 모두
논리적 사고력을 기르는 것부터 시작해야 한다고 말하고 싶습니다. 그런 점에서 케
빈 리 교수의 이 책은 지금 우리에게 꼭 필요한 책이 아닐 수 없습니다. 이 책을 강력
추천하는 이유입니다.

수많은 보도와 기사를 제대로 읽어 내는 능력을 키워 주는 책

흔히들 '말이 되는데?' 하면 그게 바로 '합리적·논리적'이
라는 뜻입니다. '네 말은 말이 안 되는데?' 하면 '비논리적'
이라는 뜻이지요. 그렇다면 논리라는 말은 쉬운 말이어야
할 텐데, 왜 이렇게 듣기만 해도 머리가 지끈지끈 아파 올까
요? 논리가 어렵게 느껴지는 이유는 어려서부터 논리적 사

한국방송(KBS) 보도본부장 손관수

고 방식을 자주 접하거나 연습해 보지 않아서입니다.

논리의 A, B, C, 우리말 흐름의 골간을 짚어 주는 바로 이 책 같은 안내서가 꼭 필요한
이유가 바로 여기에 있습니다. 요즘은 저와 같은 기자들이 생산하는 수많은 보도와
기사를 제대로 읽어 내는 훈련도 대단히 중요합니다. 이 책이 안내하는 '논리적 훈
련'을 따라 한다면 뉴스를 제대로 읽어 내는 능력도 그만큼 배가될 것입니다.

똑똑해지는 기본 공식, 주장과 근거

둘째 마당 논리적으로 분석한다는 것

셋째 마당

제대로 된 논리, 직접 만들어 보자

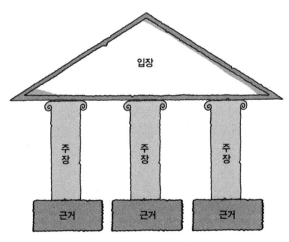

이 책을 마치면 누구나 튼튼한 논리의 집을 지을 수 있게 된다.

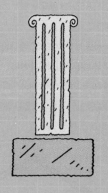

"당신은 어떤 근거로 그런 주장을 하십니까?"
당신은 이런 말을 듣거나 해 본 적이 있는가?
첫째 마당을 읽고 나면 누구나
근거 있는 주장을 펼칠 수 있는 사람이 된다.

똑똑해지는 기본 공식, 주장과 근거

"나는 사람입니다."

"나는 사람이 아닙니다."

황당하지만, 외국인이 처음으로 우리말을 배우는 교재에 이런 문장이 나온다. 하여튼 이 문장의 구조는 어떻게 나눌 수 있을까? 그래, 주어와 술어다. 이 문장에서 "나는"이라 말하고 입을 꾹 닫으면 '그래서 어쩌라고?' 하는 짜증을 부르고, "사람입니다"만 말하고 서 있으면 미친놈 소리 듣기 십상이다.

〈주어 + 술어〉가 말의 기본이다. 아무리 복잡한 문장도 모두 이 구조에서 벗어날 수 없다.

논리학도 마찬가지 원리다. 논리학의 기본은 〈주장 + 근거〉이다. 아무리 복잡한 논리도 모두 이 구조 안에서 논다. 그래서 논리학을 훈련하는 첫 번째 단계는 제대로 된 〈주장 + 근거〉의 구조를 익히는 일이다.

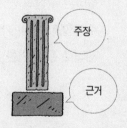

기둥은 주장, 주춧돌은 근거다. 굳이 글이 없어도 이제 우리는 기억한다.

기둥 = 주장, 주춧돌 = 근거

어떤 주장을 할 때 올바른 근거가 그 주장을 받쳐 주어야 한다. 제대로 된 근거가 제대로 된 주장을 뒷받침할 때 그 주장에는 힘이 실린다.

하지만 현실은?

이렇다.

주장만 있고 근거는 없다. 번드르르한 기둥만 꽂았다. 아무런 까닭 없이 자기 주장만 밀어붙이는 사람. "하라면 할 것이지 뭐 그리 말이 많아?" 툭 하면 화내며 이렇게 윽박지르는 사람들은 모두 여기에 속한다. 한때 우리 사회에는 이런 상사, 이런 선배, 이런 학부모가 많았다. 아직도 많다. 이것이 비논리다. 반 논리다.

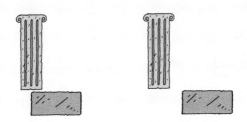

이건 어떨까?

받침이 생겼다. 그런데 좀 이상하다. 하나는 어정쩡하고, 또 하나는 따로 논다. 왼쪽 그림 같은 구조로 된 주장을 들으면 사람들은 고개를 갸우뚱거린다. 헷갈리기 때문이다. 어리석은 사람들은 쉽게 넘어간다. 오른쪽 그림

같은 주장은 앞뒤가 안 맞다. 웬만해서는 아무도 넘어오지 않는다.

예를 들어 보자.

아, 헷갈린다. 여행과 중국 사람이 땅 사는 것이 무슨 상관일까? 혹시 중국 사람이 제주 땅을 모두 사들이면 나중에 여행 가고 싶어도 못 간다는 말을 하는 걸까? 그래도 이 근거로는 아직 저 사람 속내를 알 수 없다.

또 다른 예를 들어 보자.

이건 또 무슨 날벼락 같은 말인가? 제주 여행과 배고픔이 어쩌자고 함께 붙어서 행패를 부릴까? 배고프면 당장 밥을 먹으면 될 일이다. 제주까지 가다가는 굶어 죽기 딱 알맞다.

다시 돌아온다. 우리가 원하는 그림이다.

확실한 주장에 확실한 근거! 우리가 듣고 싶은, 그리고 말하고 싶은 논리가 이것이다.

첫째 마당에서 알아야 할 것은 논리학의 기본 원리다.

논리학의 기본 원리는 주장이 이치에 맞아야 하고, 근거가 이를 알맞게 뒷받침해야 한다는 것이다. 주장은 한 가지라도, 그 뒷받침이 되는 근거는 여러 가지가 될 수 있다.

이제부터 논리학의 가장 기본 단위인 〈주장 + 근거〉를 알아보자.

주장에는 왜 알맞은 근거를 뒷받침해야 하는지, 알맞은 근거에는 어떤 것들이 있는지, 알맞지 못한 근거에는 어떤 것들이 있는지….

1장

올바른 주장과 근거

설득력 있는 주장을 하려면
'근거'가 튼튼해야 한다.

(1) "이번 시험 성적은 떨어질 게 틀림없어!"

(2) "한국 축구의 근본 문제는 감독에게 있지."

(3) "올 하반기 매출액이 크게 오를 것 같은데…."

(4) "여름 점심 메뉴로는 냉면이 최고지!"

왜 그렇게 생각해?

(1) "공부를 했어야 말이지."

(2) "그동안 성적을 분석해 보면 선수보다는 역시 감독 문제 아냐?"

(3) "가을에 나올 상품인데 벌써 주문이 많잖아."

(4) "더울 때는 뭐니 뭐니 해도 차가운 게 으뜸이지."

이것이 가장 간단한 논리학의 구조이자 올바른 주장과 근거로 이루어진 구조다. 얼마나 쉬운가? 논리학은 여기에서 출발한다.

논리학은 이 주장과 근거가 서로 어울리는 것이라야 한다고 강조한다.

쉽다고? 그래, 쉽다. 그런데 현실에서는 정말 엉뚱하고 어이없는 일이 자주 일어난다. 예를 들면, 앞서 제기한 주장에 다음과 같이 전혀 다르게 근거를 대는 일이 있다.

(1) "이번 시험 성적은 떨어질 게 틀림없어!"

(2) "한국 축구의 근본 문제는 감독에게 있지."

(3) "올 하반기 매출액이 크게 오를 것 같은데…."

(4) "여름 점심 메뉴로는 냉면이 최고지!"

왜 그렇게 생각해?

(1) "걸어오다 넘어졌거든. 이런 날은 꼭 재수가 없어."

(2) "내가 감독이 문제라면 문제인 줄 알지, 토를 달기는…."

(3) "몰라. 왠지 기분이 그래."

(4) "우리 가늘고 길게 살자."

말도 안 되는 예라고? 정말 그럴까?

근거 (1)을 보자. 어디서 많이 듣던 소리 아닌가? 시험 볼 때는 엿을 먹고, 미역국은 절대 먹어서는 안 된다. 숫자 4는 죽을 사(死) 자와 소리가 같으니까 재수 없다. 어떤가? 요즘도 4층 없는 건물이 꽤 있다.

근거 (2)도 마찬가지다. 처음에는 서로 의견을 주고받는다. 그러다 말이 안 통하면 목소리가 커진다. 그래도 안 되면 책상을 쿵쿵 치거나 서류를 던지고, 주먹 쥐고 싸우기도 한다. 근거 (3)과 근거 (4)도 듣는 사람의 고개를 갸우뚱하게 만든다. 어떤가? 사실 우리도 스스로 한때 그런 적이 있었고, 지금도 가끔 그런다.

이런 사람들을 우리는 말도 안 되는 소리를 하는 사람, 우기거나 떼쓰는 사람, 쓸데없는 소리를 하는 사람, 바보 같은 소리를 하는 사람, 엉뚱한 소리를 하는 사람, 이해가 안 되는 사람이라 말한다.

논리학에서 바라는 사람은 이런 사람이 아니다. 논리학은 '합리성에 근거해 알맞은 주장을 하는 사람'을 만든다. 이런 사람을 우리는 논리에 맞는 사람, 사리가 분명한 사람, 똑똑한 사람이라 말한다.

이런 사람이 되자는 것이 논리학의 요구다. 논리에 맞는 사람은 다른 사람의 말을 허술하게 듣지 않는다. '과연 그럴까?'라고 생각한다. 주장이 적절한지, 그 주장의 근거가 합당한지 따져 보며 판단한다.

이런 과정을 우리는 어려운 말로 '비판적 사고'라고 말한다. 비판적 사고에 익숙한 사람들은 합당한 근거를 들어 알맞은 주장을 한다. 또 상대방이 그렇게 말하는지 따져 본다. 이런 훈련을 바탕으로 좀 더 완벽하고 합리에 맞게 생각하고 행동한다.

 상대방의 주장을 듣거나 내 주장을 펼칠 때 다음 2가지를 생각하자!

첫째, 지금 주장은 뭐지? 말이 되는 소리인가?

둘째, 그 주장의 근거는 뭐지? 말이 되는 소리인가?

다음 글을 주장과 근거로 나눠 보자.

01 우리 형 요즘 회사 생활이 잘 풀리나 봐. 하루 종일 싱글벙글한다.

02 저 사람은 며칠 굶은 게 분명해. 걷는 것이 힘이 없어 보이잖아.

03 허리가 쑤시는 게 비가 오려나 보다.

04 엄청난 돈을 쏟아부어도 저출산 추세는 개선되고 있지 않습니다. 그동안의 저출산 대책은 실패했습니다.

05 싱가포르란 나라 아시죠? 이 나라는 중국어와 영어를 공용어로 쓰는데, 그 결과를 아십니까? 두 언어에 능통해지기는커녕 싱글리시라는 이상한 언어가 생겼다고 하더군요. 이런 근거에서 저는 한국에서 영어 공용화를 추진하는 것을 반대합니다.

06 국민 여러분, 우리도 이제는 기본 소득제를 도입해야 합니다. 서민들의 삶이 벼랑에 몰렸기 때문입니다.

해답

01.
주장: 우리 형 요즘 회사 생활이 잘 풀리나 봐.
근거: 하루 종일 싱글벙글한다.

02.
주장: 저 사람은 며칠 굶은 것이 분명하다.
근거: 걷는 것이 힘이 없어 보인다.

03.
주장: 비가 오려나 보다.
근거: 허리가 쑤신다.

04.
주장: 그동안의 저출산 대책은 실패했습니다.
근거: 엄청난 돈을 쏟아부어도 저출산 추세는 개선되고 있지 않습니다.

05.
주장: 한국에서 영어 공용화를 추진하는 것을 반대합니다.
근거: 싱가포르에서는 중국어와 영어를 공용어로 쓰는데, 그 결과 두 언어에 능통해지기는커녕 싱글리시라는 이상한 언어가 생겼습니다.

06.
주장: 우리도 이제는 기본 소득제를 도입해야 합니다.
근거: 서민들의 삶이 벼랑에 몰렸기 때문입니다.

2장

주장할 때 흔히 나타나는
6가지 논리의 오류

"너는 왜 그런 이상한 주장을 하고 그래? 정확한 뜻이 뭐야?"

사람들은 이런 얘기를 종종 한다. 어떻게 하는 게 이상한 주장일까?

가장 간단한 논리 구조인 〈주장 + 근거〉에서 우리가 주로 삼는 문제는 근거에 있다.

그런데 제대로 된 근거는 고사하고 무슨 주장을 하는지 불분명하거나 아예 말도 안 되는 주장들을 꽤 많이 만난다. 예를 들어 이런 주장은 어떤가? 어떤 학생이 토론 자리에서 아래와 같은 주장을 했다.

"규제의 유무로 인한 결과로서 나타나는 양측 간의 상대성에 있어서 규제가 더 정당하다."

도대체 이게 무슨 뜻일까? 열 번을 읽어 봐도 무슨 뜻인지 짐작하기 어렵다. 이 말을 한 학생은 아마 "규제를 했을 때와 규제를 하지 않았을 때 나타나는 각각의 결과를 비교해 보면, 규제를 했을 때가 더 좋다는 것을 알 수 있다."라고 주장하려 했던 것 같다. 하지만 주장을 이 학생처럼 하면 청중이나 상대방은 무슨 말인지 이해를 하지 못한다. 주장 자체가 이해되지 않는데, 여기에 근거를 덧붙여 봐야 무슨 소용이 있을까?

"저 그림은 미켈란젤로 그림이다."

이 주장은 괜찮아 보인다. 정말 그럴까?

간단해 보이지만, 이 주장은 두 가지 뜻으로 해석될 수 있다. 첫 번째는, '저 그림은 그 유명한 미켈란젤로가 그린 그림이다.'라는 뜻이다. 대부분의 사람은 이렇게 이해하고 넘어갈 것이다. 하지만 다른 해석도 가능하다. '저 그림은 미켈란젤로를 그린 그림이다.'라는 뜻이다.

따라서 위 주장을 말하는 사람은 질문을 피할 수 없다. 정확히 어떤 뜻이냐는 질문이다. 그 질문을 피하고 싶다면 "저 그림은 그 유명한 미켈란젤로가 그린 그림이다."라고 말하거나, "저 그림은 미켈란젤로를 그린 그림이다."라고 말하는 것이 좋다.

이상을 그림으로 그려 보면 다음과 같다.

위 주장은 주장(=기둥) 자체가 제대로 서 있지 않다. 이런 상태에서는 아무리 든든한 근거(=주춧돌)를 제시해도 불안하다. 곧 쓰러질 것처럼 보인다. 이런 불안한 논리로 상대방을 설득할 수 있을 것이라고 생각하는 사람은 없다. 〈주장 + 근거〉의 논리 구조에서 먼저 갖추어야 할 것은 〈제대로 된 주장〉이다. 그렇지 않으면 이상한 주장이나 애매한 주장이 되어 대화나 토론이 산으로 간다.

안타깝게도 실제 생활에서 주장 자체가 모호하거나 잘못 전달되는 일이 많다. 워낙 자주 일어나서 아예 학계에서 〈논리의 오류〉라는 이름으로 정리해 놓았다. 그 가운데 주장을 할 때 흔히 나타나는 논리의 오류를 6가지 유형으로 나눠 살펴보자.

흑백 논리의 오류
주장할 때 나타나는 오류 1 – 주장을 극단적으로 이해한다

 철수_ 나는 내일 축구 연습에 빠져야 할 것 같아.

 상화_ 뭐, 그럼 이번 주말 축구 경기를 포기하자는 거야?

 철수_ 아니, 내 이야기는 그게 아닌데….

철수가 "내일 축구 연습에 빠져야 할 것 같다."고 했는데, 상화는 이를 아예 주말 축구 경기를 포기하자는 것처럼 들었다. 철수가 내일 축구 연습에 빠진다는 것이 꼭 주말 축구 경기를 포기하자는 것은 아니다. 다른 날을 잡아 연습을 할 수도 있다. 혼자서 연습할 수도 있다. 그런데 상화는 이를 '주말 축구 경기를 포기하자.'는 것으로 받아들였다. 그 결과를 극단적으로 이해한 것이다.

이처럼 상대방의 뜻을 비약해서 이해한 뒤, 극단적인 결론으로 대응하는 것을 〈흑백 논리의 오류〉라고 한다. 두 가지 선택 가능성 가운데 한 가지 선택을 거부했을 때 나머지 선택을 하는 것으로 오해하는 오류다. 쉽게 말하면 '이거 아니면 저거'라고 생각하는 방식이다.

이런 오류를 피하려면 어떻게 해야 할까? 무엇인가를 주장하는 사람은 자신의 주장이 오해를 살 여지는 없는지 확인해서 분명한 주장을 해야 한다. 만약 철수가 "내일은 집안일로 축구 연습에 빠져야 할 것 같아. 하지만 나 혼자라도 열심히 연습할 테니 걱정하지 마."라고 말했으면 오해는 없었을 것이다.

반대로, 듣는 사람도 혼자서 그 주장을 모두 이해한 것처럼 대응하지 말고, 상대방에게 충분히 물어보아서 그 주장의 실제 내용을 확인해야 한다. 그렇게 하지 않으면 이처럼 엉뚱한 대화가 오간다.

주장할 때 나타나는 오류 2 — 의도 확대의 오류
– 상대방의 의도를 과장해서 이해한다

 민석_ 철수야! 너는 왜 대학 진학을 포기했어?

 철수_ 뭐, 내가 대학 진학을 포기했다고?

 민석_ 내일이 중간고사인데 공부도 안 하고 놀기만 하잖아.

 철수_ 그렇다고 내가 대학을 포기한 건 아니지.

중2 학생과 어머니가 밥상에 앉아 다툰다. 갑자기 중2가 선언한다.

"나 밥 안 먹어!"

그러더니 정말 밥도 안 먹고 가방을 싸 들고 횅하니 나가 버린다. 어머니는 뒤통수에 대고 버럭 소리를 지른다.

"너 이제부터 평생 밥 먹지 마!"

쉽게 말하면 이런 게 〈의도 확대의 오류〉다. 상대의 의도를 잘못 파악해서 생기는 오류.

위 예문 속의 철수는 억울하겠다. 민석이 눈에는 철수가 대학 진학을 포기하고 시험 공부도 안 하고 노는 애처럼 보였나 보다. 하지만 철수가 중간고사 공부를 안 한다고 해서 대학 진학마저 포기했다고 볼 수는 없다. 중간고사 시험 범위가 철수에게 너무 쉬워서일 수도 있고, 그저 이번만큼은 공부하기 싫어서일 수도 있다. 그런데 민석은 시험 공부를 안 하는 철수를 보고 이를 대학 진학을 포기한 것으로 넓혀서 해석했다.

> "철수야, 너 이번 중간고사 포기했어?"

이렇게 말해야 한다. 중간고사는 중간고사일 뿐이다. 대학 시험과 완전히 동떨어진 존재는 아니지만, 그렇다고 대학 시험은 아니니 말이다.

> 말하는 사람은 자기 말에 오해를 살 만한 게 없는지 살펴서 분명히 뜻을 밝혀야 하고, 듣는 사람은 상대방이 말하려는 뜻이 무엇인지 정확히 파악해서 접근해야 한다.

〈의도 확대의 오류〉는 언뜻 〈흑백 논리의 오류〉와 비슷해 보인다. 실제로 비슷하다. 이 둘은 상대방의 뜻을 오해하고 있다는 점에서는 같다.

〈흑백 논리의 오류〉는 두 가지 선택지(=흑백)를 두고, 하나가 아니라면 반드시 다른 하나일 것이라고 생각하는 오류다. 〈의도 확대의 오류〉는 상대방의 의도를 뻥튀기처럼 키워서 이해하는 오류라고 생각하면 된다.

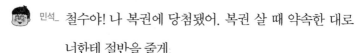

은밀한 재정의의 오류
– 용어의 뜻을 제 입맛대로 해석한다

민석_ 철수야! 나 복권에 당첨됐어. 복권 살 때 약속한 대로 너한테 절반을 줄게.

철수_ 정말? 고마워. 넌 정말 정직한 사람이야.

민석_ 여기 있어. 절반이야.

철수_ 이게 뭐야? 왜 찢어진 종이를 나한테 주니?

민석_ 당첨된 복권을 절반으로 찢은 거야. 난 약속 지켰다.

'절반'의 뜻을 표준국어대사전에서 찾아보자.

'하나를 반으로 가름. 또는 그렇게 가른 반.'

뭐지? 민석이 말이 사전의 뜻과 더 잘 어울린다. 정말 그럴까?

똑같은 말이라도 언제 어떻게 쓰느냐에 따라 달라진다. 복권이 뭔가? 당첨되면 돈이지만 안 되면 종잇조각일 뿐이다. 민석이는 철수한테 '복권이 당첨되면 절반을 주겠다.'고 약속했던 모양이다. 그런데 정말 당첨이 되어 버렸다. 이제 민석은 어떻게 해야 할까? 당연히 당첨금을 철수와 반으로 나눠야 한다. 그런데 이런! 종이를 반으로 나눠 버렸다.

〈은밀한 재정의의 오류〉는 용어의 뜻을 제 입맛대로 해석하면서 생기는 오류다. 아마 다음과 같이 말했다면 상대방은 절대 용어를 재정의할 수는 없었을 것이다.

"내가 복권을 사면 당첨금의 절반을 너한테 줄게."

이제부터 긴장하자. 저런 약속을 할 때는 꼭 빠진 말이 없는지 살펴서, 빠진 말이 있다면 다시 말을 하게 해서 꼭 공증을 받길 바란다.

이런 보기가 조금 억지처럼 느껴질 수도 있다. 하지만 우리가 사는 실제 현실에서는 이런 일들이 비일비재하게 일어난다. 사람들은 다른 사람과 말을 할 때 쓰는 낱말들을 제 입맛대로 자기 쪽에 유리하게 해석하는 경향이 있기 때문이다.

그래서 돈이 오간다거나 신용에 큰 문제가 생길 수 있는 거래에서는 꼭 계약서를 작성한다. 계약서 작성은 흔히 계약서에 쓰는 중요한 용어를 분명하게 정의하는 것에서부터 시작한다. 그래야 오해가 없기 때문이다. 토론도 마찬가지다. 오해가 생길 만한 핵심 용어를 정의하고 나서 토론을 한다. 그래야 분명한 우리 팀의 주장을 전달할 수 있기 때문이다.

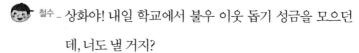

원천 봉쇄의 오류
– 내 말에 따르지 않으면 모두 틀렸다

> 철수 – 상화야! 내일 학교에서 불우 이웃 돕기 성금을 모으던
> 데, 너도 낼 거지?
>
> 상화 – 아니, 나는 안 낼 거야.
>
> 철수 – 안 낸다고? 불우 이웃을 안 돕겠다니, 너는 피도 눈물
> 도 없는 사람이구나!
>
> 상화 – 아니, 그게 아닌데. 난 방송국에 가서 낼 거야.

철수가 화났다. 아니, 불우 이웃을 안 돕겠다니!

상화가 한 방 날린다. 난 방송국에 낼 거야.

우리 주변에서 흔히 일어나는 일이다. 철수는 왜 상화한테 한 방 먹었을
까? 철수는 상화의 의도가 어디에 있는지 알려고도 하지 않고 상화를 불우
이웃에 관심도 없는 뻔뻔한 친구로 몰아 버렸다.

〈원천 봉쇄의 오류〉는 좀 잔인하다. 상대방을 아주 나쁜 사람으로 만들기
때문이다. 그래서 이 오류를 〈우물에 독 뿌리기 오류〉라고도 한다. 이런
오류에 빠진 사람들은 내 주장에 반대하면 모두 나쁜 생각이나 행동이라
고 규정하여 상대방이 반론할 기회도 주지 않는다. 상화가 "나는 불우 이
웃 돕기 성금을 학교가 아니라 방송국에 낼거야."라고 분명하게 주장했다
면 철수가 원천 봉쇄하는 일은 없었을 것이다.

애매문의 오류
– 주장에 여러 가지 뜻이 있다

> 민석_ 철수야! 나 어제 금붕어 샀다. 너도 금붕어 좋아해?
>
> 철수_ 물론이지. 너보다 더 금붕어를 좋아할걸.
>
> 민석_ 뭐, 나보다 금붕어가 더 좋다고?
>
> 철수_ 아니, 그게 아니고. 나도 금붕어를 좋아한다고.

철수는 "너보다 더 금붕어를 좋아할걸."이라고 말했다.

어떤가? 막연하게 생각하면 맞는 말일 수도 있다. 하지만 이 말을 잘 들어 보면 두 가지 해석이 가능하다. 하나는 민석이 금붕어를 좋아하는 것보다 철수가 금붕어를 더 좋아한다는 뜻이다. 다른 하나는 철수는 친구인 민석 보다 금붕어를 더 좋아한다는 뜻이다. 물론 철수는 앞말의 뜻으로 말했을 것이다. 설마 친구보다 금붕어를 더 좋아할까? 그런데 민석은 뒷말의 뜻으 로 알아들었다. 왜 이런 오해가 생겼을까? 이는 두 가지 뜻이 생길 수 있게 말을 했기 때문이다. '너보다 더 금붕어를 좋아한다.'

가장 큰 문제는 비교 대상을 '너'로 했기 때문이다. 군이 비교하려 했다면 '너'가 아니라 '좋아하는 것'이어야 했다. 헛다리 짚지 말자.

이처럼 문장의 의미를 서로 다르게 이해해서 생기는 오류를 〈애매문의 오 류〉라 한다. 애매문의 오류는 문장 구조가 한 가지 뜻으로 풀기에 애매하 기 때문에 생긴다. 논리에 맞는 문장을 만들려면 반드시 한 가지 주장에 한 가지 뜻이 담겨야 한다.

"네가 금붕어를 좋아하는 것보다 내가 더 좋아해."

이렇게 정리하면 깔끔하다.

"민석아, 네가 금붕어를 좋아하는 것보다 내가 금붕어를 더 좋아해."라고 말하면 정확하기는 하지만 말이 너무 길다. 말이라는 게 이렇게 길면 재미없다. 오해가 생길 수 있다면 꼭 넣어야 할 낱말을 잘 넣고, 어떤 낱말과 낱말을 어울리게 붙여야 하는지 따져 봐야 한다. 낱말이 앞에 오는지 뒤에 오는지에 따라서 뜻도 달라지니까.

주장할 때 나타나는 오류 6 애매어의 오류
– 애매한 말 때문에 뜻이 왜곡된다

 철수_ 흑흑흑. 상화야! 아무래도 나 감옥에 갈 것 같아.

 상화_ 뭐? 네가 왜 감옥에 가는데? 무슨 잘못을 저지른 거야?

 철수_ 어제 교회에 갔는데 목사님께서 인간은 모두 죄인이래. 죄인은 감옥에 가야 하잖아.

 상화_ 그럼 나도 감옥에 가는 거야?

〈애매어의 오류〉는 〈애매문의 오류〉와 비슷하지만 조금 다르다. 애매문의 오류는 문장 자체에서 오해가 생기는 경우이고, 애매어의 오류는 문장 안에 애매한 단어나 구가 있어 생기는 오류다.

앞의 대화에서 목사님이 말한 '죄인'은 기독교의 원죄론 관점에서의 죄인이다. 따라서 범죄를 저지른 '죄인'과는 다르게 이해해야 한다. 그런데 철수와 상화는 이를 나누지 않아 감옥에 가야 한다는 판단을 내렸다.

상대의 주장을 듣거나 내 주장을 펼칠 때 꼭 기억해야 할 3가지

〈주장 + 근거〉의 논리 구조에서 먼저 지켜야 할 것이 바로 흔들림 없는 주장이다. 그럼 어떻게 해야 주장이 흔들리지 않을까? 쉽다. 다음과 같이 몇 가지만 조심하면 자신의 주장을 흔들림 없이 바르게 세울 수 있다.

(1) 주장을 펼치는 사람은 자신의 주장에 오해를 살 낱말이나 문장은 없는지 미리 점검해서 분명한 생각을 전달한다.

(2) 주장을 듣는 사람은 상대방 주장의 핵심을 제대로 파악했는지 확인하면서 듣는다.

(3) 앞서 설명한 흑백 논리의 오류, 의도 확대의 오류, 은밀한 재정의의 오류, 원천 봉쇄의 오류, 애매문의 오류, 애매어의 오류에 빠지지는 않았는지 확인한다.

이것만은 꼭! **이상한 주장을 하는 상대를 만났다면 다음 6가지 논리의 오류를 기억하자!**

이상한 주장을 하는 상대를 만났다면 주장에 어떤 오류가 있는지 다음 6가지를 떠올리며 체크해 보자.

☑ 흑백 논리의 오류　　　☐ 의도 확대의 오류　　　☐ 은밀한 재정의 오류

☐ 원천 봉쇄의 오류　　　☐ 애매문의 오류　　　☐ 애매어의 오류

다음 주장에 어떤 오류가 있는지 찾아 써 보자.

☐ 흑백 논리의 오류   ☐ 의도 확대의 오류   ☐ 은밀한 재정의의 오류
☐ 원천 봉쇄의 오류   ☐ 애매문의 오류   ☐ 애매어의 오류

01

영수: 철수야! 어제 병만이네 누나랑 수근이네 형이 결혼했다.

철수: 뭐, 두 사람이 원래 아는 사이였나? 결혼까지 하다니?

영수: 무슨 소리야? 두 사람이 결혼한 게 아니고, 같은 날 따로따로 결혼했다고.

철수: 아, 따로따로.

답:

02

사 장: 김 부장. 김 부장은 왜 회사를 그만두려 하지?

김부장: 제가요? 저는 회사를 그만둘 생각이 전혀 없는데요?

사 장: 어허! 나는 김 부장이 어제 결근을 해서 회사를 그만두려나 생각했는데?

김부장: 그게 아니고. 어제 몸이 너무 아파 병원에 갔습니다.

답:

03

영희: 등산, 이 정도에서 멈추는 것이 어떨까?

수희: 뭐, 그럼 내려가자는 거야?

답:

04

평소 영수는 상화를 미워하고 있었다.

영수: 철수야, 상화가 아이들 숙제를 대신 해 주고 돈을 받았다는 얘기 들었어?

철수: 그래? 처음 듣는데. 상화가 미쳤구나. 선생님께 들키면 어쩌려고.

영수: 맞아. 미쳤나 봐. 상화는 아무래도 정신병원에 가 봐야 할 거 같아.

철수: 정신병원? 왜? 교무실이 아니고?

답:

05

영수: 철수야! 너 손에 잔뜩 들고 있는 게 뭐야?

철수: 하하하. 내가 너 주려고 빵을 한 상자 가득 가지고 왔지.

영수: 이걸 다 나 먹으라고? 철수 너는 참 손도 크다.

철수: 내 손이 크다고? 나 손 작아. 손가락도 짧고.

답:

06

영수: 철수야. 나는 이번 선거에서 꼭 반장이 되어야 해.

철수: 왜? 왜 네가 꼭 반장이 되어야 하지?

영수: 내가 반장이 되어야 우리 반이 최고의 학급이 될 수 있어. 만약 나를 뽑지 않는 아이가 있다면 그 애는 우리 반을 사랑하지 않는 게 분명해.

철수: 그럴 리가?

답:

해답

01. 애매문의 오류
03. 흑백 논리의 오류
05. 애매어의 오류

02. 의도 확대의 오류
04. 은밀한 재정의의 오류
06. 원천 봉쇄의 오류

제대로 된 근거를 위한
7가지 비밀 병기

근거를 댈 때 7가지 방법을 생각하라!

"그렇다는 근거가 어딨어? 근거를 대 봐, 근거를!"

주장이 있다면 근거가 있다. 주장의 뒤끝이 개운하려면 근거가 깔끔해야 한다. 하지만 현실은 그리 호락호락하지 않다. 세상은 아직도 근거를 대 보라는 소리로 넘쳐 난다. 주장은 많지만 근거는 빈약하기 때문이다.

웬만해서는 근거를 제대로 들기가 쉽지 않다. 주장보다 근거를 댈 때 나타나는 오류의 종류가 훨씬 많은 까닭도 여기에 있다. 하지만 걱정 마시라. 우리에게는 다행히도 12척의 배, 아니 7가지 근거를 대는 방법이 있지 아니한가? 이 7가지 방법만 잘 알아 두면 우리는 (1) 주장에 알맞은 근거를 대는 방법, (2) 엉터리 근거를 솎아 내는 방법을 쉽게 찾을 수 있다. 제대로 된 근거를 만들 수 있는 비밀 병기, 7가지 방법은 다음과 같다.

어렵게 생각할 필요 없다. 처음에는 이렇게 시작해도 된다. 그러니까 내가 어떤 주장을 펼치고 싶을 때 그 주장의 근거로 사용할 수 있는 것은 7가지 방법 중의 하나이다.

예를 들어 〈외계인은 존재한다〉라는 주장을 해야 한다고 생각해 보자. 무엇을 근거로 내세울 것인가? 이때 7가지 방법을 하나하나 음미해 보자. 전문가의 견해를 찾아보는 것이 좋을까? 관련된 숫자나 통계가 있을까? 관찰과 경험한 내용을 찾아볼까? 무엇인가를 인용할까? 증거를 찾아볼까? 관련된 사례가 있나? 추론을 동원할까?

여기에서 찾은 여러 가지 근거들 중에서 상대방을 가장 설득할 수 있는 근거를 뽑아 제시하자. 또 그런 근거를 제시할 때는 근거에서 나타나는 오류들을 감안해서, 오류를 저지르고 있는 것은 아닌지 확인해 보자.

상대의 말을 들을 때도 마찬가지다. 우선 상대의 말을 주장과 근거로 나누어 보자. 그다음에는 상대가 주장을 할 때 든 근거를 7가지 방법 가운데서 찾아보자. 그리고 그 근거와 관련된 논리의 오류를 감안하여 상대방 말의 타당성을 검증해 보자.

처음에는 복잡한 일일 수 있다. 하지만 금방 익숙해진다. 게다가 이런 식으로 연습해 두면 주장과 근거를 분석하는 일을 손쉽게 해낼 수 있다.

근거를 댈 때 나타나는 수많은 논리의 오류, 실용적으로 재정리

논리학의 원조는 아리스토텔레스다. 그는 이미 약 2500년 전에 논리학의 기초를 정리하였다. 논리의 오류를 종류별로 나눈 것도 아리스토텔레스가 원조다. 이후 서양 철학에서는 일상에서 말을 하거나 글을 쓸 때 흔히 범하는 논리의 오류를 세분화하여 정립해 왔다.

그런데 여기에 문제가 있다. 현실은 무 자르듯 오류의 종류를 보기 좋게 나누기가 쉽지 않다는 점이다. 그러다 보니 관점만 다르고 성격은 비슷한 오류의 종류이거나, 전문가들만 느낄 수 있는 차이에서 생긴 오류의 종류가 많아 그다지 실용적이지 못했다. 심지어 어떤 논리의 오류는 이해하기조차 힘든 것도 있다. 근거를 댈 때 나타나는 논리의 오류도 마찬가지이다. 앞서 말한 7가지 방법으로 근거를 제시할 때 수많은 논리적 오류가 발생한다.

이 책에서는 실제 회의나 토론에서, 심지어 말싸움을 할 때도 써먹을 수 있도록 논리의 오류를 실용적으로 재정리하였다. 그래서 근거를 댈 때 나타나는 논리의 오류들을 유형별로 분류했다. 이 책을 읽어 나가면 왜 쉬운지 알 수 있다. 이미 많은 사람에게 이렇게 유형별로 정리하여 강의를 했고, 모두들 "아, 이렇게 하니까 쉽게 기억할 수 있어요!" 하고 말했다.

또한, 모든 논리의 오류를 다루려고 하기보다는 현실에서 많이 범하는, 쉽게 고개를 끄덕일 수 있는 논리의 오류에 집중했다. 비유하자면, 평소에는 쓰지도 않는 기능을 주렁주렁 달아 놓은 가전제품보다는 일상에서 많이 쓰는 기능을 제대로 살린 가전제품을 만들고자 했다.

자, 그럼 이제 근거를 댈 때 사용하는 7가지 방법을 하나하나 살펴보자.

근거 제시 방법 01

전문가의 견해

 "파생상품은 참 위험하다고 봐."

"왜?"

 "세계적인 투자 전문가 워런 버핏이라고 알지? 그분은 오래전 부터 파생상품을 '금융 대량살상무기'로 불러왔어. 그만큼 위 험하다는 거야."

〈중앙일보, 박경미 홍익대 수학교육과 교수의 시론' 재구성〉

전문가들은 어떤 주장에 꽤 훌륭한 근거를 마련해 준다. 해당 분야 전문가 의 견해는 쉽게 무시할 수 없기 때문이다.

위의 근거를 보라. 워런 버핏은 전 세계의 투자가 중에서도 손꼽히는 투자 전문가이다. 그는 투자상품의 일종인 파생상품에 대해 잘 알고 있을 것이 다. 이처럼 전문가의 견해를 자기 주장의 근거로 삼는다면, 상대방은 쉽게 고개를 끄덕일 것이다. 이처럼 해당 분야 전문가의 견해는 훌륭한 근거가 될 수 있다. 상대방은 저 근거를 댄 사람보다 훨씬 더 정교한 근거를 대어 야 할 판이다.

토론에서도 마찬가지다.

자신의 주장을 입증하기 위해 전문가의 견해를 끌어들일 수 있고, 때로는 이런 방식이 효과적일 수 있다. 다음 예를 보자. 한때 한국에서는 영어 공용화 논란이 거세게 일었다. 당시 있었던 〈한국은 영어를 공용화해야 한다〉는 디베이트에서 찬성 팀이 외국의 성공 사례를 예로 들자, 반대 팀은 한 전문가의 견해를 들어 이를 반박했다.

> "〈한국은 영어를 공용화해야 한다〉는 오늘의 디베이트 주제에 찬성 팀은 그 근거로 영어를 공용화한 필리핀, 인도, 싱가포르의 성공 사례를 들었습니다. 하지만 이는 잘못 이해한 겁니다. 동아대 명예교수이자 한글학회 이사인 하치근 교수에 따르면, 필리핀은 영어를 공용화한 지 100년이 넘었는데도 현재 7퍼센트밖에 안 되는 상층 계급을 뺀 민중은 영어 능력이 부족하여 국가의 정치와 경제에서 소외당하고 있습니다. 또 영어를 쓴 지 200년이 넘은 인도도 영어를 할 수 있는 사람은 전체의 10퍼센트에 불과하고 문맹률은 40퍼센트에 이릅니다.
> 영어가 공식어가 된 지 150년이 넘었고 독재에 가까운 영어 정책을 펴는 싱가포르는 아직도 영어 사용자가 겨우 23퍼센트 정도라고 합니다." 〈부산일보, 하치근 동아대 명예교수 한글학회 이사 기고문 '영어 공용화의 허와 실' 재구성〉

어떤가? 고개가 끄덕여지지 않는가?

하치근 교수는 국어국문학과 교수이자 한글학회의 이사이다. 이런 전문가의 견해를 제시하니 주장에 힘이 실린다.

이처럼 전문가의 견해는 어떤 주장을 할 때 훌륭한 근거가 될 수 있다.

이를 그림으로 그리면 다음과 같다.

하지만 문제가 있다. 전문가의 견해라고 해서 무조건 믿고 따를 수는 없기 때문이다. 전문가의 견해에도 오류가 생길 수 있다. 전문가의 견해에서 나타나는 4가지 오류를 살펴보자.

(1) 그릇된 권위에 호소하는 오류, (2) 엇갈린 견해의 오류, (3) 틀리거나 바뀌는 견해의 오류, (4) 특정 목적을 대변하는 견해의 오류이다.

이것을 보면 전문가의 견해라고 해서 모두 다 액면 그대로 받아들일 수는 없다는 것을 알 수 있다.

전문가의 견해조차 비판적 사고의 대상이 되어야 한다.

그릇된 권위에 호소하는 오류
– 상관없는 권위에 호소한다

 철수_ 나는 낙태에 대해 반대해!

 영희_ 왜?

 철수_ 우리 작은아버지가 대학 총장이시거든. 그런데 우리
작은아버지가 낙태는 안 좋은 것이라고 했어.

 영희_ 정말? 너희 작은아버지가 대학 총장이야? 대단하다!

철수는 낙태에 반대한다. 철수네 작은아버지가 낙태는 안 좋은 것이라고
했으니까. 이것이 철수의 주장과 근거다.

철수의 논리는 틀렸다. 자기 주장에 근거를 대면서 해당 주장과 관계 없는
전문가를 끌어들였기 때문이다. 물론 한국 사회에서 대학 총장은 권위가
있다. 하지만 그 권위는 '낙태 문제'와는 상관없다.

영희도 답변이 서툴렀다. 만약 영희가 〈그릇된 권위에 호소하는 오류〉를
잘 알았다면 이렇게 대답했을 것이다.

"너희 작은아버지가 대학 총장인 것이 낙태 문제와 무슨 상관
이지? 대학 총장은 모든 문제의 정답을 안다는 거야?"

대화나 토론에서 전문가의 견해가 나온다면 '진짜 전문가가 누구인지'를
따져야 한다. 그래야 〈그릇된 권위에 호소하는 오류〉를 피할 수 있다.

엇갈린 견해의 오류
– 견해가 다른 전문가도 있다

어떤 주장에 두 사람 모두 뛰어난 전문가의 견해를 근거로 내세운다면?
예를 들어 보자. 코로나19의 기원에 대한 연구는 여전히 논란거리가 된다.
크게 연구실 유출설과 야생동물 기원설이 있다.

> 먼저 연구실 유출설은 중국의 우한바이러스학연구소에서 연
> 구를 하던 중 코로나19 바이러스가 실수로 유출되었다는 입장
> 이다. 미국 프레드 허친슨 암 연구센터의 제시 블룸 연구원은
> 이 입장이 맞다고 본다.
> 그런데 야생동물 기원설도 있다. 호주 멜버른대 대니얼 앤더슨
> 교수 연구 팀은 "코로나19 바이러스의 시작은 야생동물에 의해
> 시작되었을 것"이라고 말한다. 박쥐에서 시작된 코로나19 바
> 이러스가 다른 야생동물로 전해졌고, 다시 사람을 전염시켰다
> 는 것이다.

이런 상황이 벌어지면 일반인들은 난감하다. 제시 블룸 미국 프레드 허친
슨 암 연구센터 연구원도, 대니얼 앤더슨 호주 멜버른대 교수 연구 팀도
해당 분야의 전문가다. 그런데 같은 문제에 대해 전문가의 견해가 엇갈리
고 있다. 일반인으로서는 그 논란의 추이를 지켜볼 수밖에 없다.

따라서 이런 상황을 두고 토론했을 때, 한쪽 편의 전문가 견해만을 참고해

서는 안 된다. 그랬다가는 상대방한테 다른 전문가의 견해를 근거로 반박당할 수 있다. 완벽한 논리를 갖추려면 또 다른 전문가의 의견은 없는지 확인해 봐야 한다. 한쪽 편에만 귀를 기울여서는 안 되는 것이다.

전문가의 견해에서 나타나는 오류 3
틀리거나 바뀌는 견해의 오류
- 전문가의 견해가 틀리거나 바뀐다

전문가도 사람이다. 전문가의 견해도 틀리거나 바뀔 수 있다. 이는 과학 분야에서 자주 나타난다. 과학 발전에 따라 이전의 견해들이 맞지 않다는 것을 발견하는 것이다.

〈동아 사이언스〉에 강석기 과학 칼럼니스트가 쓴 '인류 뇌 팽창은 전두엽이 주도했을까'라는 글에는 전문가의 견해도 틀리거나 바뀔 수 있다는 점을 소개하고 있다.

> "현생 인류의 전두엽 급팽창을 가장 먼저 언급한 논문은 1912년 독일의 한 학술지에 발표됐는데, 이 논문이 증거로서 거듭 인용되면서 어느새 현생 인류의 전두엽 급팽창이 당연한 사실로 받아들여졌다고. 그러나 지난 10여 년 동안 이런 가설에 맞지 않는 측정 결과들이 하나둘 발표되면서 전문가들 사이에 논란이 되었다고 한다.
> 연구자들은 기존 논문들의 데이터가 일관성 있게 통계 처리되지 않았다는 점을 파악하고 이들 데이터를 모아 새로운 기법으

로 처리했고, 그 결과 현생 인류의 전두엽 팽창 역시 다른 영장류의 전두엽 팽창 패턴에서 벗어나지 않는다는 사실을 확인했다. 즉 사람의 전두엽이 유독 큰 건 사실이지만 후두엽이나 측두엽도 마찬가지 비율로 크다는 것."

위 글은 전문가의 견해도 바뀔 수 있다는 실례를 보여 준다.

일반인이 직접 이 조사에 참여할 수는 없다. 다만 전문가의 견해라 하여 무작정 존중하지는 말아야 한다는 것이다. 전문가의 견해도 틀릴 수 있고, 또 시간이 흐름에 따라 바뀔 수도 있다.

전문가의 견해를 참고할 때는 해당 전문가의 견해가 얼마나 최신 연구 결과를 반영하고 있는지 확인해야 한다. 또 그마저도 바뀔 수 있다는 점을 늘 감안해야 한다.

전문가의 견해에서 나타나는 오류 4 특정 목적을 대변하는 견해의 오류
– 전문가의 견해에 '목적'이 있다

세상살이는 이해 관계의 대립으로 가득 차 있다.

이때, 자신의 입장을 옹호하고자 전문가의 견해를 가져오는 일이 있다. 이게 심해지면 자기 입맛에 맞는 전문가의 견해를 만들어 내기도 한다.

기업체가 이익을 꾀하려고 전문가를 섭외해 이론을 만드는 경우가 여기에 해당한다. 거꾸로 전문가 쪽에서 기업에 접근하는 일도 있다. 기업게 유리한 연구 방향 또는 연구 결과를 제시하고 연구비를 타 낸다. 이쯤 되면 그 전문가는 해당 분야 전문가의 탈을 쓴 '타락한 천사'로 전락한다.

한 가지 예를 들어 보자. 〈워싱턴 포스트〉 2015년 7월 1일 자 기사에서 다음과 같은 소식을 전하고 있다.

> "동표한(Dong Pyou Han) 전 아이오와 주립대학교 연구원은 HIV 백신 연구 결과를 조작한 혐의로 기소되어 감옥에 갔다. 연방 판사는 한 교수에게 4년 반 이상의 징역형을 선고하고, 조작된 연구 데이터를 사용하여 받은 연방 정부의 720만 달러 보조금을 반환하도록 명령하였다."

어이없지만 이런 일을 '제조'하는 경우는 무척 흔하다.

그러니까 전문가의 견해를 참고할 때는, 이해 관계가 있을 법한 사안인 경우와 상업성이 강한 전문가 집단인 경우에는 그 의견을 다시 곱씹어 보아야 한다. 아무리 전문가의 견해라고 해도 실은 어떤 이상한 목적을 꾀하려는 위장일 수 있기 때문이다.

이것만은 꼭! 상대가 '전문가의 견해'를 근거로 내세울 때는 다음 4가지를 생각하자!

첫째, 그 전문가는 과연 해당 분야의 전문가인가?

둘째, 다른 견해를 지닌 해당 분야 전문가는 없는가? 논란이 있지는 않은가?

셋째, 그 견해는 최신 연구 성과를 반영한 것인가? 바뀔 가능성은 없는가?

넷째, 그 전문가가 특정 이해 당자자들을 대변하고 있지는 않은가?

주장의 근거로 쓰는 '전문가의 견해'에도 오류가 생긴다.
다음은 각각 어떤 유형의 오류인가?

☐ 그릇된 권위에 호소하는 오류   ☐ 엇갈린 견해의 오류
☐ 틀리거나 바뀌는 견해의 오류   ☐ 특정 목적을 대변하는 견해의 오류

01

철수: 그 많던 공룡이 왜 갑자기 사라졌을까?

영희: 전문가들의 입장이 달라. 어떤 전문가는 운석이 지구와 충돌해서 생긴 일이라고
설명해. 다른 전문가는 갑자기 날씨가 추워져서 생겼을 것이라고 주장하지. 사실
아무도 공룡이 어떻게 사라졌는지 정확히 입증하고 있지는 않아.

답:

02

한국에서 가습기 살균제 사망 사건이 있었다. 가습기 살균제를 사용한 사람 중 폐 질
환 환자가 발생한 것이다. 추정 사망자가 2만 명이 넘을 정도로 큰 재해였다. 사건 규
모가 큰 만큼 수많은 문제가 파생되었는데, 그중 하나가 연구 윤리 문제였다. 유명 대
학의 연구원이 제조사의 연구 용역을 받아 수행한 연구 결과가 회사 측에 유리하게
조작되었다는 주장이 제기된 것이다. 해당 학교의 연구진실성위원회는 연구 진실성
위반 정도가 매우 중대하다고 판단했다. 하지만 대법원은 이에 대해 최종적으로 무
죄 판단을 내렸다. 일부 시험 결과를 삭제한 것은 연구자의 과학적 재량에 해당한다
는 판단이었다. 하지만 과학계는 반발했다. 많은 피해자를 낳은 사건에 대해 대법원
이 면죄부를 주었다는 비난의 목소리가 여전히 높다.

답:

03

민석: 나는 학생들을 체벌하는 일에 적극 찬성이야!

하정: 왜?

민석: 어제 텔레비전에서 노벨 과학상을 탄 박사님이 체벌은 꼭 필요하대.

하정: 와, 노벨 과학상까지 수상한 박사님이 그런 말을 했다면, 근거가 있겠지? 체벌이 필요하구나!

답:

04

'코페르니쿠스적 전환'이라는 말이 있다. 무엇인가 근본적인 전환이 이루어졌을 때 쓰는 말이다. 코페르니쿠스가 등장하기 전까지 프톨레마이오스의 천동설이 지배했다. 당시 사람들은 지구가 우주의 중심이라고 생각했다. 태양계의 행성 역시 지구를 중심으로 돈다고 생각했다. 하지만 16세기 초 폴란드 신부였던 코페르니쿠스가 이를 바꿨다. 태양을 중심으로 지구가 돈다고 주장한 것이다. 지금은 너무도 당연한 이 사실이 당시에는 큰 충격으로 다가왔다. 그러니까 코페르니쿠스 이전 약 2000년 동안 과학자들조차도 지구 중심설을 믿었던 것이다.

답:

해답

01. 엇갈린 견해의 오류
03. 그릇된 권위에 호소하는 오류

02. 특정 목적을 대변하는 견해의 오류
04. 틀리거나 바뀌는 견해의 오류

숫자와 통계

 "역시 이번 졸업 여행은 독도로 가는 것이 좋겠어."

"왜?"

 "어제 학생회에서 설문 조사 한 결과 못 봤어? 92퍼센트의 응답자가 졸업 여행 희망지로 독도를 꼽았잖아."

통계는 훌륭한 근거가 될 수 있다. 그냥 "독도가 좋잖아." 하고 말하는 것보다는 통계 결과를 드는 것이 훨씬 설득력 있다.

더불어 숫자의 마력도 생각해 보자. 숫자를 동원하는 것은 상대방에게 큰 신뢰감을 주곤 한다. 다음 대답을 보자.

 "어제 학생회에서 설문 조사를 했더니 많은 학생들이 졸업 여행 희망지로 독도를 꼽았대."

위의 두 가지 대답 가운데 어떤 말이 더 와 닿는가? 물론 전자다. 왜일까? '92퍼센트'라는 숫자는 '많은'이란 표현보다 훨씬 더 큰 믿음을 준다. 말과 글을 잘 쓰는 사람들은 숫자를 많이 인용한다. 그렇게 하면 무언가 믿을 만하고, 또 준비를 열심히 했다는 인상을 준다.

또 다른 예를 보자.

> "어린이들의 인터넷 사용 실태는 심각합니다. 한국정보화진흥
> 원이 만 6세 이상 전국 인터넷 이용자 5,000명을 대상으로 한
> 조사에 따르면 6~9세 사이의 평균 인터넷 사용 시간은 하루에
> 두 시간을 넘어섰습니다. 고작 유치원과 초등학교 저학년밖에
> 안 되는 어린이들이 벌써 심각하게 인터넷 의존 현상을 보이는
> 것입니다."

〈어린이들의 인터넷 사용에 제한을 두어야 한다〉는 주제로 토론을 한다.
찬성 팀은 한국정보화진흥원의 통계를 근거로 제시하고 있다. 이 조사에
는 연도, 대상 학생 연령, 설문 대상 모집단 규모, 조사 결과가 모두 숫자
다. 찬성 팀은 위와 같은 숫자와 통계를 들어 자기 주장에 힘을 실었다. 이
렇게 하니 근거가 충실하게 느껴진다.

숫자나 통계는 어떤 주장을 하는 데 훌륭한 근거가 될 수 있다.

이를 그림으로 그리면 다음과 같다.

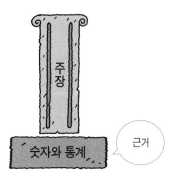

하지만 숫자와 통계가 늘 올바른 논리를 만드는 것은 아니다. 오히려 나와 상대방의 눈을 흐리게 할 때도 많다.

"세상에는 거짓말, 새빨간 거짓말, 그리고 통계가 있다."

새빨간 거짓말보다도 심한 통계의 조작이 있을 수 있다는 뜻이다. 통계에 얼마나 조작이 많으면 이런 말이 생기겠는가? 사실 숫자와 통계의 오류는 책 한 권의 주제로 다뤄질 정도로 다양하다. 서점에 나가 보면 관련 서적들이 여러 권 있다. 그만큼 심각하다는 뜻이다.

크게 3가지 범주의 오류로 나눠 살펴보자.

(1) 숫자 자체의 오류, (2) 통계 자체의 오류, (3) 통계 해석의 오류이다.

숫자와 통계를 다룰 때는 그 쓰임새만큼이나 왜곡과 조작이 가능하다는 점을 늘 기억해야 한다.

숫자와 통계에서 나타나는 오류 1 — 숫자 자체의 오류
– 뚜렷해 보이는 숫자가 오히려 눈속임을 할 수 있다

숫자 자체의 오류는 숫자를 잘못 설명하는 것이다. 근거에 쓰인 숫자가 오히려 현실을 왜곡한다. 이는 숫자, 퍼센트, 그래프, 평균값 들에서 다양하게 나타난다.

먼저 숫자.

"나는 하여간 재수가 없어."

"왜?"

"우산을 들고 나가면 비가 안 오고, 그냥 나가면 비가 와."

우산을 들고 나갈 때 비가 올 확률, 즉 비가 오는 횟수를 말하는 대화다. 그렇다면 위 대화에 쓰인 근거가 맞을까? 틀렸다. 가만히 따져 보면 오히려 우산을 들고 나갔을 때 비가 오고, 그냥 나갔을 때 비가 안 올 때가 더 많다. 햇볕 쨍쨍한데 우산 들고 나가는 사람은 별로 없으니까. 그런데 사람들은 이렇게 말하곤 한다.

왜 그럴까? 이는 비정상의 기억들이 정상 기억을 압도하기 때문이다. 우산을 들고 나가면 비가 안 오고, 그냥 나가면 비가 왔을 때의 기억이 훨씬 생생하게 남는다.

두 번째로 퍼센트.

"와, 요즘은 신혼부부의 1/3이 이혼하는구나!"
"뭐라고? 설마…. 자세한 내용이 어떻게 되지?"

"통계청에 따르면 지난해 혼인 건수는 32만여 건, 이혼 건수는

11만여 건이었대. 신혼부부의 거의 1/3이 이혼하는 거 아냐?"

이상에서 신혼부부 이혼율이 1/3이라고 주장한 사람은 퍼센트를 구할 때의 비교 대상을 달리해서 퍼센트를 구했다. (해당 기간의 신혼부부 이혼 수 ÷ 해당 기간의 신혼부부 수)로 계산해야 해당 기간의 신혼부부 이혼율이 나오는데, 여기에서는 (해당 기간의 전체 이혼 수 ÷ 해당 기간의 신혼부부 수)로 계산한 것이다. 그래서 이렇게 어이없는 수치가 나왔다.

다음으로 그래프.

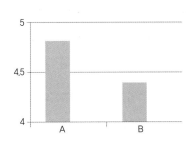 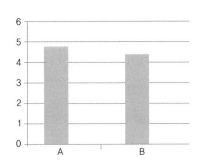

두 그래프 가운데 어느 쪽이 더 차이가 나 보일까?
두말하면 잔소리, 당연히 왼쪽 그래프다. 그런데 사실 왼쪽과 오른쪽의 A, B 값은 서로 같다. A는 4.8이고, B는 4.3이다. 두 그래프 모두 정확히 이 수치들을 표현했다.
차이의 비밀이 뭘까?
바로 그래프의 기준점에 있다. 오른쪽은 0에서부터 그래프를 그렸는데, 왼쪽은 4 이하를 잘라 버렸다. 그래서 눈으로 대충 보면 왼쪽은 큰 차이가 있어 보이고, 오른쪽 그림은 비슷해 보인다.

만약 A와 B가 어떤 추세를 나타낸 것이라면, 왼쪽의 그래프를 본 사람들은 "와! 많이 줄어들었네!" 라고 말할 것이고, 오른쪽 그래프를 본 사람들은 "별로 변화가 없네." 라고 말할 것이다.

이처럼 그래프로도 눈속임이 가능하다. 따라서 근거로 제시되는 그래프를 볼 때는 항상 그래프를 그린 기준과 숫자들을 제대로 살펴야 한다.

마지막으로 평균값.

평균값도 대단히 쓸모가 있다.

"대한민국 중학교 2학년 학생의 키는?"

이럴 때 한국의 모든 중학교 2학년의 키를 불러 주면 어떨까? 그럴 수도 없지만, 그러다간 입술 부르터서 병원에 실려 간다. 이럴 때는 평균값을 제시하면 이해하기 쉽다. 그런데 이 평균값도 현실을 왜곡할 때가 있다.

"소득 수준으로 볼 때 인류의 생활은 나날이 개선되고 있다."

이 주장의 근거로 전 세계 인구의 평균 소득을 계산한다고 하자. 이는 세계 각 국가가 발표하는 평균 개인 소득을 조사하여 알아볼 수 있다. 하지만 문제는 다른 데 있다. 최근 들어 세계의 부가 양극화하면서 소수의 최상위층 소득과 대다수 하층민의 소득 격차가 심하게 벌어졌다.

최근 기사를 보면 전 세계 상위 1퍼센트의 부자가 가진 재산이 나머지 99퍼센트의 인구가 가진 재산보다 2배 더 많다고 한다. 이렇게 부가 편중된 상태에서 이의 평균값을 근거로 '소득 수준으로 볼 때 인류의 생활은 나날이 개선되고 있다.'고 주장한다면 이는 설득력이 떨어질 것이다.

통계 자체의 오류
– 통계 자체가 잘못 작성되었다

통계 자체의 오류는 어떤 주장의 근거로 제시한 통계 자체가 잘못 작성된 것을 가리킨다. 통계 자체가 잘못되었는데 그 통계가 정확한 현실을 반영할 리는 없다. 통계 자체의 오류는 설문지의 오류, 모집단의 오류, 산출 범위의 오류로 나눌 수 있다.

먼저 설문지의 오류.

> 한때 한국에서 교육감 투표용지를 원형으로 바꾸자는 개정안이 발의된 적이 있었다. 왜 이런 일이 생겼을까? 교육감 선거는 정당 추천을 받지 않는다. 그러니까 정당과 상관없다. 후보자들이 추첨을 통해 투표용지에 기입된 이름 순서를 부여 받는 것이다. 그런데 여기서 문제가 생겼다. 이런 사정을 잘 알지 못하는 유권자들이 투표용지에 기입된 순서를 정당의 기호로 착각한 것이다. 그 바람에 여당 강세의 지역에서는 투표용지에 첫 번째로 인쇄된 후보가, 야당 강세의 지역에서는 투표용지에 두 번째로 인쇄된 후보가 당선되기도 했다. 그래서 이를 보완하고자 원형의 투표용지를 만들어서 투표용지의 일련번호를 삭제하려고 한 것이다.

제대로 된 통계를 작성하려면 설문지를 객관화해야 한다. 그래야 설문에

응하는 사람들의 의견을 정확히 반영할 수 있다. 이 설문에 문제가 있다면, 결과도 잘못 나올 것이다.

투표용지도 일종의 설문 조사서다. 유권자들의 의견을 묻는 것이기 때문이다. 그런데 이 나열 순서가 정당을 가리킬 때가 있고, 그렇지 않을 때도 있다. 유권자 편에서는 이를 정확히 알고 투표하기가 어렵다. 이런 상태에서 나온 결과라면 유권자의 의견을 정확히 반영할 수 없다. 그래서 교육감 선거 투표용지를 바꾸자는 개정안까지 발의된 것이다.

이처럼 통계 조사를 할 때 설문지의 구성이나 순서는 통계 결과에 큰 영향을 끼친다. 이런 허점을 악용하는 경우도 많다. 의도하는 답변을 유도하려고 설문지 내용을 헷갈리게 비트는 것이다. 그 결과를 어떤 주장의 근거로 제시한다면 그 근거는 조작된 것이라 할 수밖에 없다. 그래서 설문지를 만들 때는 응답자의 의견을 객관화하여 반영할 수 있도록 만들어야 한다.

두 번째는 모집단의 오류.

한국에서 유명한 고등학교 가운데 하나인 민족사관고등학교가 '폭력 학교'가 된 적이 있었다. 교육과학기술부에서 실시했던 설문 조사에서 민족사관고등학교 학생들이 100퍼센트 '일진이 있다.'고 답했기 때문이다. 사람들은 갸우뚱했다. 선망의 대상이 되는 학교가 폭력 학교라니? 하지만 사정을 알고 보니 이랬다. 전교생 468명 중 단 2명만이 이 설문에 참여, '일진이 있다.'고 답변했던 것이다. 응답자 중 일진이 있다고 대답한 비율을 퍼센트로 표시하면 100퍼센트이지만, 문제는 과연 이 설문에 응한 단 두 사람의 의견이 민족사관고등학교 학생 의견 전체를 반영한 것이냐에 있었다.

사실 이런 경우는 통계 자체가 잘못되었다. 극소수의 응답자 답변이 전체의 답변을 대변할 수 없기 때문이다. 발표 자체를 하지 말았어야 했다. 어떤 통계가 의미 있는 결과로 제시되려면 모집단의 규모가 그에 걸맞게 충분해야 한다. 그렇지 않으면 그 통계는 오히려 현실을 과장하거나 축소하는 결과를 가져온다.

세 번째로 산출 범위의 오류.
통계를 산출하는 범위를 어떻게 잡느냐에 따라 통계는 달라질 수 있다. 취업이 어려울 때면 실업률에 관심이 높을 수밖에 없다. 하지만 현실에서 느끼는 체감 실업률과 정부가 발표한 실업률은 큰 차이를 보인다.
왜 그럴까?

상식적으로 실업률은 실업자를 경제활동인구로 나누는 방식으로 구한다. 하지만 정부의 입장에서는 실업률을 낮춰서 발표하기를 원한다. 실업률이 낮아야 정부를 제대로 운영하고 있다는 여론을 조성할 수 있기 때문이다. 그렇다면 어떻게 하면 될까? 가장 간단하게는 실제로 실업률을 낮추면 된다. 하지만 그게 안 된다면? 이때 편법이 동원된다. 첫 번째는 분자, 즉 실업자 수를 줄이면 된다. 두 번째는 분모, 즉 경제활동인구 수를 늘리면 된다. 이렇게 하면 실업률은 낮게 나온다.

예를 들어 아르바이트를 생각해 보자. 많은 사람이 아르바이트 생은 정식 직원이라고 생각하지 않는다. 아르바이트하면서 '내가 지금 정식으로 회사에 다니고 있다.'라고 생각하는 사람은 드물다. 학업처럼 무언가 본업이 있고, 아르바이트는 부수적인 일이라고 생각하기 때문이다. 하지만 이 아르바이트생을 취업한 사람으로 계산한다면? 실업자의 수는 줄어들고, 경제활동인구 수는 늘어날 것이다. 즉, 실업률은 줄어든다.

또 하나 예가 있다. 육아와 가사를 하는 여성들이다. 이들 여성 중에는 일자리를 원하는 사람들도 많다. 하지만 경력 단절 여성을 위한 일자리는 많지 않다. 그래서 육아와 가사를 떠맡고 있는 것이다. 이때 육아와 가사를 하는 사람들을 비경제활동을 하는 것으로 분류한다면? 실업자 수에서 제외될 것이다. 이렇게 하면 또 실업률은 줄어든다.

정부가 발표하는 실업률은 '정작 취업을 원하지만 비 경제활동인구로 분류된 사람들'은 통계에 반영되지 못했다. 산출 범위를 달리 하니 일반인들이 느끼는 실업률과 정부가 발표하는 실업률이 달라지는 거다.

사실 이런 일은 한국뿐만이 아니다. 실업률은 정부의 중요한 평가 기준이 되기 때문에 다른 나라에서도 이렇게 저렇게 통계를 조작해서 국민의 눈을 흐린다. 어쨌든 이런 통계를 근거로 '한국은 세계에서 가장 안정적인 실업률을 보이고 있다.'고 주장한다면 참 씁쓸할 것이다.

통계는 비판적으로 음미할 필요가 있다. 특히 설문지, 모집단, 산출 방식에 주의해야 한다. 만약 미심쩍은 통계가 있다면 누가, 언제, 어디서, 어떤 규모로, 어떤 목적으로, 어떤 방법으로 작성을 했는지 살펴봐야 한다.

통계 해석의 오류
– 제대로 된 통계지만 잘못 해석했다

통계는 제대로 했는데, 해석에서 문제가 생길 때가 있다. 이는 단순한 무지와 실수에서 비롯된 오해일 수도 있지만, 의도를 갖고 해석하여 나타난 결과일 수도 있다.

먼저 잘못된 통계 결과의 해석.

> "이번 설문 조사에서 A 후보 지지율이 B 후보보다 두 배나 높게 나왔어. A 후보 당선이 확실해."
> "그럼 이번 선거는 하나마나네. 그래서 결과가 어떻대?"
> "A 후보 지지율이 6퍼센트, B 후보 지지율이 3퍼센트, 나머지는 아직 누굴 찍을지 못 정했대."
> "뭐야, 그럼 A 후보 지지율도 바닥 아냐? 유권자의 91퍼센트가 부동층인데, 어떻게 A 후보가 당선될 것처럼 이야기하지?
> "어쨌거나 3퍼센트보다는 6퍼센트가 두 배나 높잖아."

고양이 꼬리를 보고 호랑이라고 말할 수 있을까?

이 설문 조사 결과를 제대로 해석하면, '대다수 유권자가 아직 의견을 결정하지 않은 가운데 A 후보가 B 후보를 조금 앞서고 있다.'는 것이다. 그런데 여기서는 부동층은 모두 빼 버리고 단지 지지율만을 놓고 'A 후보의 당선이 확실하다.'고 주장한다. 통계는 맞았지만 이를 잘못 해석한 경우이다.

두 번째로, 한쪽으로 치우친 통계 해석.

> "이번 우리 회사 납품업체는 A 사로 하려고 합니다."
>
> "근거가 뭐죠?"
>
> "이번에 세 회사가 납품을 신청했는데, 납품가가 가장 낮은 곳이 A 사였어요."
>
> "하지만 다른 요인들도 봐야 하지 않을까요? A 사는 신용 상태나 부품 불량률이 세 회사 가운데 꼴찌입니다."
>
> "무슨 소리! 가장 중요한 것은 가장 싼 납품가를 제시하는 것 아니겠어요?"

납품업체를 판단할 때는 납품가, 신용 상태, 불량률을 모두 따져야 한다. 그런데 납품업체를 A 사로 결정하자고 주장하는 사람은 통계 결과를 고루 고려하고 있지 않다. 통계는 맞았지만 자기 입맛에 맞는 결과인 '싼 납품가'만 취해서 판단하고 있다. 이렇게 통계를 자기 입맛에 맞게 해석하는 순간, 매우 위험한 무기가 될 수 있다.

이것만은 꼭! 상대가 '숫자와 통계'를 근거로 내세울 때는 반드시 확인하자!

첫째, 숫자 자체의 오류는 없는가? 숫자, 퍼센트, 그래프, 평균값의 실상은?

둘째, 통계 자체의 오류는 없는가? 설문지, 모집단, 산출 방법은 적절했는가?

셋째, 통계 해석의 오류는 없는가? 통계를 잘못 이해하거나 제멋대로 왜곡해서 이해하지는 않았는가?

주장의 근거로 쓰는 '숫자와 통계'에도 오류가 생긴다.
다음은 각각 어떤 유형의 오류인가?

□ 숫자 자체의 오류　　□ 통계 자체의 오류　　□ 통계 해석의 오류

01

최근 인플레이션이 심해지면서 서민들이 고통을 받고 있다. 그런데 이상한 것이 있다. 정부에서 발표하는 물가 상승률과 체감 물가 상승률이 크게 다른 것이다. 왜 그럴까? 정부의 물가 상승률은 모든 상품을 대상으로 하지 않는다. 물가와 관련된 중요한 〈주요 품목〉을 선정해서 이들의 가격 변동으로 물가 상승률을 계산해 낸다. 이때 물가 변동률이 큰 것은 식품류다. 공산품류는 물가 변동률이 작다. 결국 〈주요 품목〉 안에 공산품류가 많으면 서민들이 느끼는 것에 비해 물가 상승률이 낮게 나온다. 서민들이 느끼는 체감 물가 상승률을 제대로 반영하려면 〈주요 품목〉 자체를 현실적으로 조정해야 하는 것이다.

답:

02

철수: "나는 한국 팀을 응원하면 안 돼. 하여간 내가 응원을 가면 진다니까."
영수: "얼마나 자주 응원했었는데?"
철수: "국가 대항전은 거의 다. 그런데 보면 결승에서는 거의 지더라고."
영수: "아니, 국가 대항전 중에 결승전이 얼마나 많았다고…. 제대로 계산한 것 맞아?"

답:

03

한때 세계적인 컨설팅 회사인 맥킨지가 발표한 한국에 관한 보고서 〈Beyond Korean Style: Shaping a new growth〉가 큰 문제가 된 적이 있었다. 이 발표에서 맥킨지는 "한국 중산층의 55퍼센트가 적자 상태"라고 주장했다.

하지만 맥킨지가 이 발표를 위해 참고한 원자료를 작성한 한국의 통계청은 이에 대해 발끈했다. 맥킨지가 중산층 가구의 신용카드 비용을 잘못 해석해서 적용하는 바람에 중산층 55퍼센트가 적자 상태라는 주장이 나왔다는 것이다. 이를 바로잡으면 중산층의 적자 상태는 24퍼센트로 낮아진다.

답:

관찰과 경험

"어젯밤에 집 앞 상가 유리창이 깨진 일 있었지?
그 범인은 슈퍼마켓 주인이 분명해."

"왜?"

"슈퍼마켓 주인이 밤에 큰 망치를 들고 상가 유리창 앞에서
어른거리더라고. 뒤이어 유리창 깨지는 큰 소리가 났지. 지
금 저 상가, 임대료 문제 때문에 분쟁이 있잖아."

"요즘 가끔 광고에 나오는 미국의 A 대학교 어학 연수 있지?
그거 말짱 헛것이야. 가지 마."

"왜?"

"가서 보니 죄다 한국 학생들만 있더라. 총장부터 직원까지 모
두 한국계야. 한국 사람들끼리 모여 무슨 어학 연수를 해? 심지
어 수업 시간에도 우리말을 쓰는 학생들이 있던데…."

어떤 주장을 할 때 본인이 실제로 관찰하고 경험한 내용을 제시하면 훨씬 설득력이 있다. 법정에서 증인이 보고 경험한 것을 판결의 중요한 근거로 삼는 배경이다.

〈수형자가 교도소 운영 비용을 부담해야 한다〉는 주제로 디베이트를 할 때였다. 그때 아래와 같이 발언한 사람이 있었다.

> "〈수형자가 교도소 운영 비용을 부담해야 한다〉는 주장에 저는 반대합니다. 이는 제 경험만으로도 충분합니다. 저는 선생님이 되기 전에는 교도관이었습니다. 교도소에서 수형자 한 사람을 관리하는 데 드는 비용은 한 해에 2,500만 원쯤 됩니다. 여러 가지 자유를 빼앗긴 교도소에서 수형자가 일반 사회인처럼 돈을 버는 일은 거의 불가능합니다. 기껏해야 잡일이나 할 수 있을 뿐이고, 그것도 건강이나 재주가 되어야 가능합니다. 그런데 수형자가 어떻게 이 많은 돈을 마련할 수 있겠습니까? 수형자가 교도소 운영 비용을 부담해야 한다는 말은 현실을 모르는 화풀이 감정 표출 말고는 아무런 의미가 없습니다."

이 발언을 들은 토론 참가자들은 입이 얼어붙었다. 실제로 교도관 생활을 해본 사람이 생생한 경험을 들어 근거로 제시하니 할 말을 잃은 것이다. 〈수형자가 교도소 운영 비용을 부담해야 한다〉는 주제에 이보다 생생한 근거가 또 있을까?

이처럼 관찰이나 경험의 제시는 어떤 주장을 하는 데 매우 훌륭한 근거가 될 수 있다. 이를 그림으로 그리면 다음과 같다.

하지만 관찰과 경험이 늘 올바른 논리를 만드는 것은 아니다.

본인은 내가 직접 관찰하고 경험한 내용이야말로 확실하다고 생각하겠지만, 그 내용이 오히려 실제 현실을 흐리게 하는 일도 많기 때문이다. 잘못 본 것일 수도 있고, 또 예외적인 경험일 수도 있기 때문이다.

관찰과 경험의 오류는 다양하다. 크게 3가지 범주의 오류로 나눌 수 있다. (1) 관찰과 경험 자체의 오류, (2) 관찰자·경험자 한계의 오류, (3) 관찰과 경험 해석의 오류이다.

관찰과 경험을 근거로 제시할 때는 그 확실성만큼이나 관찰과
경험도 편협할 수 있다는 가능성을 늘 머리에 새겨야 한다.

관찰과 경험 자체의 오류
– 제한된 조건에서 관찰과 경험을 했다

비 오는 깜깜한 밤에는 사람을 알아보기 어렵다.

이런 상황에서 "그때 그 사람 얼굴을 분명히 봤다."고 주장하면 쉽게 그 말을 믿기 어렵다. 관찰과 경험에 믿음을 주려면 관찰과 경험을 한 환경이 어떠했는지를 따져 봐야 한다.

> 먼저 사진을 보여 준다. 사진 1에는 A가 B를 밀치는 장면이 있다. 이 사진을 보면 A는 가해자가 된다.
>
> 이어서 더 넓은 장면을 찍은 사진 2를 보여 준다. 그 사진에는 B의 머리 위로 무언가가 떨어지고 있다. 즉, A는 B를 구하려고 밀친 것이다. A는 가해자가 아니라 도와준 사람이다.
>
> 만약 사진 1만 본 사람이 있다면? 그 사람은 여전히 A를 가해자로만 생각할 것이다. 관찰과 경험의 제한된 조건을 따지지 않으면 이런 잘못된 주장이 발생한다.

사법연수원에서도 위의 보기를 활용한다고 한다.

'내가 직접 경험하고 관찰한 것'이라 하더라도 이런 오류가 생길 수 있다. 이런 오류를 피하려면 항상 '내가 직접 관찰하고 경험한 사실이라도 틀릴 수 있다.'는 사실을 되새겨야 한다. 상대방의 관찰과 경험을 들을 때도 역시 그것이 이루어진 조건을 따져 봐야 한다.

관찰자 · 경험자 한계의 오류
– 관찰자 · 경험자 자체에 한계가 있다

아주 오래된 이야기로 장님이 코끼리 만지는 이야기가 있다. 어떤 장님은 코를 만지고는 "코끼리는 길다."고 말한다. 어떤 장님은 배를 만지고는 "코끼리는 벽과 비슷하다."고 말한다. 어떤 장님은 다리를 만지고는 "코끼리는 기둥과 비슷하다."고 말한다.

이들은 자신의 경험을 굳건히 믿고 있다.

문제는 이들 자체가 코끼리를 관찰하는 데 근본 한계가 있다는 것이다. 이는 신체 조건의 한계에서 비롯된 것이다.

하지만 그런 한계만 있는 것은 아니다. 관찰자·경험자의 배경 지식이나 안목의 차이에서 관찰과 경험의 차이가 생길 수 있다. 다음 대화를 살펴보자.

 부인_ 여보, 저 클래식 음악 참 아름답지 않아요? 소리 좀 높여 주세요.

 남편_ 난 시끄러워서 지금 막 끄려고 했는데.

똑같은 음악을 듣는 경험을 하는데, 그 결과는 너무 다르다. 클래식 음악을 즐겨 듣는 부인한테는 아름답게 들리지만 남편한테는 시끄럽게만 들린다.

또 있다. 관찰자·경험자의 편견이 끼어들 수 있다. 색안경을 끼고 세상을 보는 것이다.

어느 회사의 신입 사원 선발 회의.

 부장_ 이번 지원자 가운데 A 씨는 뺐으면 좋겠어.

 다른 사람들_ 왜요? 가장 좋아 보이는 지원자던데….

 부장_ 그 얼굴 못 봤어요? 눈이 가늘고 턱이 좁은 게…. 저런 사람은 꼭 대형 사고를 치더라고.

 다른 사람들_ 사람이 이렇게 생길 수도 있고 저렇게 생길 수도 있지….

다른 사람들은 모두 A를 좋게 보고 있다. 그러나 부장은 대형 사고를 걱정한다. 그 근거로, 인생 경험상 '눈이 가늘고 턱이 좁은 사람'에 대한 편견을 들고 있다. 이런 편견을 가진 사람이 사람들을 평가할 때 제대로 된 평가가 나오기 힘들다. 색안경을 끼고 하는 관찰과 경험은 현실을 똑바로 볼 수 없게 한다.

관찰과 경험은 '내가 직접 한 것'이기 때문에 강한 확신을 준다. 하지만 이 관찰과 경험을 하는 사람 자체에 한계가 있다면? 그 관찰과 경험의 내용은 현실을 제대로 반영하는 관찰과 경험이 될 수 없다.

관찰과 경험 해석의 오류
– 관찰과 경험을 해석하는 데서 오류가 발생했다

 "저희 팀은 남녀 공학을 폐지해야 한다고 주장합니다. 남녀 공학은 학업 분위기를 해치기 때문입니다. 저는 남녀 공학 고등학교에 다닙니다. 그런데 남학생들이 신경 쓰여 자꾸 옷차림이나 얼굴을 거울로 살펴봅니다. 결국은 학업 분위기를 망치게 됩니다."

 "실은 저도 남녀 공학 고등학교에 다니지만 남학생들이 전혀 신경 쓰이지 않습니다. 그러니까 학업 분위기와도 상관이 없었고요. 지금 상대 팀은 개인의 경험을 지나치게 일반화하고 있는 것 아닙니까?"

〈남녀 공학을 폐지해야 한다〉는 주제로 열린 디베이트 현장에서 벌어진 일이다.

폐지 반대 팀 여학생의 말에 찬성 팀의 여학생은 말문이 막힐 수밖에 없었다. 반대 팀 여학생의 말처럼 이 문제는 개인의 경험을 일반화한 것이다. '남학생이 신경 쓰여 학업 분위기를 해친다.'는 찬성 팀 여학생의 경험 자체는 사실이다. 문제는 이 경험을 '다른 사람도 그러할 것'이라고 확대해서 이해한 데 있다. 해석에 문제가 있었던 것이다.

이처럼 관찰과 경험을 제대로 하는 것도 중요하지만, 이를 근거로 어떤 주장을 끌어내느냐도 중요하다. 이 부분에서 확대나 축소, 왜곡 같은 일이 발생하면 그 관찰과 경험은 제대로 된 근거가 될 수 없다.

관찰과 경험의 가장 큰 한계는 '개인적 차원'이라는 점에 있다. 본인으로서는 이보다 확실한 근거가 없다. 하지만 이를 일반화했을 때는 문제가 생길 수 있다. 다른 사람들은 다른 관찰과 다른 경험을 했을 가능성이 있기 때문이다. 따라서 '이견'이 있을 수 있다는 것을 늘 머리에 새기고 다른 사람의 경험과 견주어야 한다.

이것만은 꼭! **상대가 '관찰과 경험'을 근거로 내세울 때는 반드시 확인하자!**

첫째, 제한된 조건에서 관찰하거나 경험한 것은 아닌가?

둘째, 관찰자나 경험자의 배경 지식이나 안목에 따라 기준이 다를 수도 있는 사안은 아닌가?

셋째, 개인적인 관찰과 경험을 지나치게 일반화하고 있지는 않은가?

주장의 근거로 쓰는 '관찰과 경험'에도 오류가 생긴다.
다음은 각각 어떤 유형의 오류인가?

□ 관찰과 경험 자체의 오류   □ 관찰자 · 경험자 한계의 오류   □ 관찰과 경험 해석의 오류

01

철수: A 고등학교 학생들은 지저분해.

영수: 왜?

철수: 어휴, 지난주 우리 마을에 A 고등학교 학생 몇 명이 캠핑을 왔는데, 떠난 뒤에
보니 기가 막히더라고. 떠난 자리가 아예 쓰레기통이야.

영수: A 고등학교 재학생들이 꽤 많을 텐데‥. 몇 명의 행동으로 모든 학생을 지저분하고
하다나‥.

답:

02

옛날 사람들은 지구가 평평하다고 생각했다. 눈에 보이는 바다의 끝이 지구의 끝이라
고 생각했다. 그래서 그 밖을 나가면 지구에서 떨어진다고 생각했다.

답:

03

변호사: 정말로 저 사람이 피해자를 때린 것을 봤습니까?

증 인: 예.

변호사: 증인은 그날 술집에 있었죠?

증 인: 예.

변호사: 그때 술을 얼마나 마신 상태였죠?

증 인: 그러니까 월급날이라고…. 소주를 두 병 마셨던가, 세 병 마셨던가?

변호사: 증인은 주량이 얼마나 되죠?

증 인: 에이, 저 술 많이 못해요. 소주 반 병 정도? 젊어서 소주 한 병 마시고 전봇대를 들이받고는 그 뒤로 줄였어요.

변호사: 그럼 그렇게 만취한 사람이 사람은 정확히 알아봤다는 말이에요?

답:

⟨ 해답 ⟩ ....

01. 관찰과 경험 해석의 오류(성급한 일반화의 오류이기도 하다.)
02. 관찰과 경험 자체의 오류(관찰과 경험의 객관적 조건과 한계에 따른 것이다.)
03. 관찰자·경험자 한계의 오류(관찰자와 경험자의 주체적 조건의 한계에 따른 것이다.)

인 용

 "삼성그룹이 인재 경영에 더욱 신경을 많이 쓸 것 같아."

"왜?"

 "어제 신문을 보니 이재용 회장이 사장단 회의에서 '성별과 국적을 불문하고 세상을 바꿀 수 있는 인재를 모셔 오고 양성해야 한다.' 라고 말했다고 하니까."

우리가 어떤 주장을 할 때 그 근거로 누군가의 저술 혹은 관련 문구를 인용할 때가 있다. 위의 근거에서 보듯 인용은 훌륭한 근거가 될 수 있다. 그냥 "그런 이야기가 들리던데….".라거나 "내 기억으로는….".이라고 말하는 것보다는, 해당 사안 당사자의 저술 혹은 관련 문구를 직접 인용하는 것이 훨씬 설득력 있다. 물론 그 당사자의 저술 혹은 관련 문구는 큰따옴표(" ")를 붙여 내 의견과 명확히 구별하는 것이 좋다. 단, 인용문 중에 큰따옴표가 이미 있을 때는 작은따옴표(' ')로 바꾸어 표기한다. 이런 부호를 붙여두지 않으면 독자는 누구의 말인지 혼동하게 된다.

가장 흔히 쓰는 인용은 법률 관련 문서들이다. 법률적 판단과 결정을 할 때는 항상 법에 의거해야 한다. 그래서 관련 판단과 결정을 할 때는 관련 법조문을 정확히 인용한다. 검사나 판사가 하는 말 가운데 "형사소송법 제 OO조 OO항에 보면…."이라든가, "민사소송법 제OO조 OO항에 보면…." 같은 표현이 여기에 해당된다. 시청이나 구청의 공문서에서도 이러한 인용을 쉽게 찾아볼 수 있다. "주택임대차보호법시행령 제OO조 OO항에 의거하여…." 같은 표현이 여기에 해당된다.

종교 관련 글이나 말에서도 역시 인용은 왕성하게 이뤄진다. "마태복음 1장 17절에 의하면…."이라든가, "화엄경 제1권 세주묘엄품에 의하면…."과 같은 표현이 여기에 해당된다. 해당 종교 경전의 원문을 인용함으로써 본인의 주장을 좀 더 신뢰감 있게 전달하려는 것이다.

토론에서도 마찬가지다. 자신의 주장을 입증할 때 그에 알맞은 인용을 제시하면 좋다. 다음은 〈한국 정부는 한류 확산 지원 방안을 마련해야 한다〉는 주제로 열린 토론의 찬성 팀 주장이다.

> "한국 정부는 한류 확산 지원 방안을 적극 마련해야 합니다. 파생 효과가 매우 크기 때문입니다. 가장 큰 파생 효과는 바로 한국이라는 브랜드 가치의 상승입니다. 한국은 그 잠재력에 비하면 아직도 국제 사회에서 차지하는 브랜드 가치가 매우 낮습니다. 〈한국인만 모르는 다른 대한민국〉의 저자 임마누엘 페스트라이쉬는 그 책 29페이지에서 다음과 같이 지적합니다.
> '코리아 디스카운트는 한국 경제의 불투명성, 불확실성, 남북 대치 상황 등을 근거로 외국인들이 한국 기업의 주식 가치를

낮게 평가하거나 한국산 제품이 세계 시장에서 품질에 비해 낮은 가격으로 팔리는 상황을 지칭한다. 한국 제품이 세계 시장에서 제값으로 팔리는 경우가 점점 늘고 있기는 하지만, 코리아 디스카운트는 여전히 한국과 한국인이 시급하게 해결해야 할 가장 현실적인 과제라 할 수 있다.'

만약 제대로 된 한류 확산 지원 방안을 마련한다면 임마누엘 페스트라이쉬가 말한 코리아 디스카운트는 사라지고 한국이라는 브랜드 가치는 높아질 것입니다."

토론자는 〈한류 확산을 지원하면 한국의 브랜드 가치가 상승한다〉는 주장의 근거로, 관련 서적의 저자가 말한 부분을 정확히 인용하고 있다. 그리고 그 인용된 부분은 작은따옴표로 표시했다. 이렇게 주장하면 개인의 견해만 밝히는 것보다 훨씬 믿음이 간다.

이상과 같이 알맞은 인용은 어떤 주장을 하는 데 효과적인 근거가 될 수 있다. 이를 그림으로 그리면 다음과 같다.

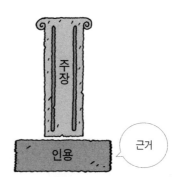

하지만 인용이 늘 올바른 논리를 만드는 것은 아니다. 오히려 문제를 일으킬 때도 많다. 문제는 무지나 실수 때문에 일어날 수도 있지만, 일부러 일으키거나 심지어 나쁜 마음을 먹고 일으킬 때도 있다는 것이다.

나도 그런 경험을 한 적이 있다. 30여 년 전 한국의 유력지 기자와 인터뷰를 한 적이 있다. 그때는 이런 취지로 이야기했다. "저는 도서관보다는 현장을 좋아합니다. 현장에서 배울 것이 더 많거든요. 그래서 책을 읽기보다는 현장을 경험하는 데 더 관심이 많습니다." 그런데 신문에는 내가 졸업한 대학의 학과 이름과 더불어 "저는 책 읽는 데 관심 없어요."라는 머리글을 앞세워 인터뷰 기사가 나왔다. 지금 생각해 보면 그 기자는 '요즘 젊은 이들은 책을 많이 읽지 않는다.'는 이야기를 하고 싶었던 것 같다. 내가 항의 전화를 하자, 그 기자는 비싼 밥을 사며 이렇게 말했다. "신문사에는 초를 친다는 말이 있습니다. 기사 효과를 위해 조금 과장한다는 말이지요. 죄송합니다. 기사를 좀 돋보이게 쓰려다 보니…, 이해해 주세요." 내 발언이 기자가 바라는 기사의 목표에 따라 재단되고 왜곡된 것이다.

이처럼 인용을 할 때에도 오류가 생긴다. 여기에는 무지에서 비롯된 것도 있고, 위에서 든 예처럼 의도적인 것도 있다. 이를 3가지 오류로 나눠 살펴본다.

(1) 내 의견과 다른 사람 의견을 구별하지 않는 오류, (2) 인용문 자체의 오류, (3) 맥락을 무시한 인용의 오류다.

보는 사람 입장에서는 간단해 보이는 인용이, 사실은 현실을 왜곡하는 무서운 무기가 될 수도 있다.

내 의견과 다른 사람 의견을 구별하지 않는 오류
– 다른 사람의 생각을 내 생각인 것처럼 베낀다

"부임 이후 6년간 100편 이상 설교를 상습 표절한 ㄱ 교회 ㅅ 목
사가, 문제를 제기하는 교인 32명을 무더기로 제적했다고 일방
적으로 통보해 교인들이 반발하고 있다. 중경기노회 재판국은
ㅅ 목사가 2013년부터 유명 교회 목회자 설교를 상습 표절해
왔다는 사실을 인정했다. 교인들이 확인해 재판국에 제출한 표
절 설교만 103편에 이른다."

〈뉴스앤조이, 최승현 기자 '6년간 설교 100편 이상 표절해
정직 6개월 받은 목사, 문제 제기한 교인 32명 무더기 제적' 기사 일부〉

이처럼 신성한 교회 활동에서도 표절이 등장한다. 무엇을 잘못한 것일까?
최근 우리 사회에서도 논문 표절이 큰 문제로 떠올랐다. 인용이 도를 넘으
면 표절이 된다. 표절은 다른 사람의 생각을 내 생각인 것처럼 베끼는 것
을 말한다. 심하게 말하면 표절은 도둑질이고 범죄다. 그런데 논문뿐만이
아니다. 위에 인용한 목사의 설교문은 자신의 것이 아니었다. 그런데 다른
사람의 설교를 대충 내 설교인 것처럼 사용한 것이다. 명백한 표절이다.

간혹 신문 기사의 제목도 문제가 된다. 기사 제목은 그 주장이 기자의 주
장인지, 혹은 어떤 사람의 주장을 인용한 것인지 정확히 구별해야 한다.
그리고 다른 사람의 주장이라면 분명하게 인용 표시를 해야 한다. 이 작은
차이가 큰 오해를 불러일으킬 수 있다.

〈정부, 복지 정책 공약 파기〉라는 제목과 〈"정부, 복지 정책 공약 파기"〉라는 두 가지 제목이 있다고 하자. 내용상으로는 같다. 하지만 전자는 기자의 판단이 들어간 제목이다. 기자가 그렇게 생각한다는 뜻이다. 후자는 누군가의 말을 인용한 것이다. 기자는 그 내용을 전달할 뿐이다. 큰따옴표 (" ")가 있으냐 없으냐에 따라 이렇게 달라진다.

논문이든 설교든 기사든 토론이든, 어떤 주장에 대한 근거로 누군가의 말을 인용할 때는 항상 주의해야 한다. 내 의견과 다른 사람 의견을 정확히 구별해야 한다. 다른 사람의 의견을 인용할 때는 출처를 명확히 밝히는 것은 물론, 그 의견이 누구의 것인지 정확히 구별하여 반영하는 인용을 해야 한다.

인용에서 나타나는 오류 2 인용문 자체의 오류
– 원문 자체가 틀렸다

다른 사람의 의견을 정확히 인용한다고 해서 모든 것이 해결되는 것은 아니다. 원문 자체에 문제가 있을 수 있기 때문이다. 원문 자체에 문제가 있는 상태에서 이를 인용하는 것은 오류를 반복, 확산하는 것이다. 말을 할 때 그 의미를 돋보이게 하고 싶어서 쓰는 속담이나 격언, 명언조차도 그 자체가 틀렸을 때가 있다.

갈릴레이는 말했다.

"그래도 지구는 돈다."

갈릴레이는 이 말로 자신의 과학자적 확신을 표현한 것으로 유명하다. 이 말은 오랫동안 여러 사람의 글이나 말에 자주 인용되어 왔다. 하지만 갈릴레이는 그런 말을 한 적이 없다고 전문가들은 말한다. 오히려 100여 년이 지난 뒤 프랑스의 한 신부가 쓴 글에 나온다는 것이다. 그런데 우리는 이 말을 아직도 갈릴레이의 말로 인용하고 있다.

또 하나의 예.

"독서의 계절 가을을 맞아 서점을 찾거나 온라인으로 책을 구입하는 사람들이 늘고 있다."

이런 기사를 본 적이 있을 것이다. 여기에서 기자는 '독서의 계절 가을'이라는 유명한 말을 독서량이 느는 것의 근거로 제시하고 있다. 그러나 오히려 "날씨 좋은 가을에 책을 더 안 읽어 일부러 '가을은 독서의 계절'이라고 강조한다."라는 주장도 있다. 실제로 가을에 오히려 독서량이 준다는 통계도 있다. 그런데 일반적으로 통용되는 문구인 '독서의 계절 가을'이기 때문에 판매량이나 독서량이 급증하고 있다는 것은 유명한 문구에 의존한 주장일 뿐이다.

어떤 속담이나 격언은 그 자체가 모순일 수도 있다. 〈일은 저지르고 봐야한다〉는 말도 있지만, 반대로 〈돌다리도 두들겨 보고 건너라〉는 말도 있다. 앞말은 과감한 시도를 강조하고, 뒷말은 신중한 진행을 강조한다. 이런 것이 섞이면 이와 같이 이상한 상황이 되어 버린다.

> "내일부터 바로 시작합시다."
> "왜요? 준비가 좀 부족하지 않나요?"
> "일은 저지르고 봐야 한다는 말도 있잖아요."
> "돌다리도 두들겨 보고 건너라는 말도 있는데요."
> "?"

어떤 말을 인용할 때는 원문 자체가 사실인지, 또 그것이 주장의 충분한 근거가 되는지 생각해 봐야 한다. 그렇지 않으면 인용이 오류를 계속 반복, 확산하거나 성과 없는 말꼬리 잡기 싸움으로 끝날 수도 있다.

인용에서 나타나는 오류 3 맥락을 무시한 인용의 오류
– 전체 맥락을 무시하고 입맛에 맞는 부분만 취했다

> "그 작품의 구성은 조금 아쉬운 지점이 있지만, 색과 빛의 조화라는 새로운 지평을 열어 주었다."

> "유명 평론가도 '색과 빛의 조화라는 새로운 지평을 열어 주었다.'고 평가한 작품!"

위는 어떤 미술 평론가가 전시 작품을 평한 말이고, 아래는 이 전시를 주관한 미술관에서 그 평론가의 견해를 인용해 홍보물에 옮긴 말이라고 쳐 보자.

어떤가? 언뜻 알맞게 옮긴 말인 것 같지만 그렇지 않다. 평론가는 분명히 '구성은 조금 문제가 있지만, 색과 빛의 조화라는 새로운 지평을 열어 주었다.'고 주장한 것인데, 앞의 부분은 빼 버리고 미술관의 입맛에 맞는 '색과 빛의 조화라는 새로운 지평을 열어 주었다.'라는 표현만 인용했기 때문이다. 인용을 할 때는 그 의견을 제시한 사람의 뜻을 올바르게 반영해야 한다.

> "아까 원자력 발전을 중단해야 한다고 주장하셨는데, 지나치게 비현실적인 주장 아닙니까? 그렇다면 우리에게 필요한 전기는 당장 어떻게 하죠?"
>
> "제 말은 '가급적 빠른 시간 내에'라는 전제하에서였는데요."
>
> "어쨌거나 중단하자는 말이잖아요."
>
> "그게 아니라 여건이 허락하는 한 빨리 하자는 뜻이었어요."
>
> "말 돌리지 마세요. 중단하자고 했잖아요!"

토론 현장에서도 이런 말들이 오간다. 이런 유형 또한 맥락을 무시한 인용의 오류다.

맥락을 무시한 인용의 오류가 발전하면 악의적 짜깁기가 되기도 한다. 이때 인용자는 피인용자의 발언을 공격의 빌미로만 쓴다. 처음부터 피인용자의 진심을 전할 생각이 없었다. 헐뜯고 공격하고 싶은 것이다. 다음 학생들의 대화를 살펴보자.

영희_ 아빠가 어제 사 준 옷인데 어때?

 수희_ 근사한데. 그런데 좀 끼어 보이는 것 같은데.

 영희_ 뭐라고, 내가 뚱뚱하다고?

 수희_ 아니, 옷이 좀 끼어 보인다고.

 영희_ 그 말이 그 말 아냐? 내가 뚱뚱해서 끼어 보인다는 것 아냐?

 수희_ 그게 아닌데….

 영희_ 평소에 나를 대하는 태도를 볼 때부터 알아봤어. 너는 나를 안 좋게 생각하고 있었던 거야.

친구의 부탁을 받고 옷차림에 대해 한마디 했던 수희는 졸지에 '평소에 영희를 안 좋게 본 사람'으로 전락했다. 당사자로서는 황당하다. 자신이 이야기한 맥락이나 의도는 뺀 채 특정 부분만 채집되고 왜곡되고 과장된 인용이 이뤄진 것이다.

 상대가 '인용'을 근거로 내세울 때는 반드시 확인하자!

첫째, 자신의 의견과 다른 사람 의견을 정확히 구별했는가?

둘째, 인용문 자체가 잘못된 것은 아닌가?

셋째, 인용문이 원작자의 의견을 제대로 반영하고 있는가? 혹시 인용문이 악의적으로 재편집된 것은 아닌가?

주장의 근거로 쓰는 '인용'에도 오류가 생긴다.
다음은 각각 어떤 유형의 오류인가?

☐ 내 의견과 다른 사람 의견을 구별하지 않는 오류   ☐ 인용문 자체의 오류
☐ 맥락을 무시한 인용의 오류

01

성경의 말씀 가운데 "부자가 하늘나라에 가는 것은 낙타가 바늘귀를 통과하는 것과 같다."는 내용이 있다. 그런데 이 말이 틀렸다는 주장이 있다. 아랍어를 보면 낙타와 밧줄의 스펠링이 비슷한데, 이 밧줄이라는 낱말을 낙타로 오역했다는 것이다.

답:

02

CVPR 학회는 인공지능과 머신러닝 분야에서 세계 최고 권위의 학회입니다. 지난 19일부터 24일까지 미국에서 개최됐는데, 서울대 연구 팀의 논문이 우수 발표 논문으로 선정됐습니다. 하지만 그제 발표 직후 유튜브에 논문 표절을 고발하는 영상이 올라왔습니다. 서울대 논문을 여러 다른 논문들과 비교했는데, 2019년 캐나다 토론토 대학 논문에서는 단어 하나 바꾸지 않고 똑같은 문장이 발견됐고, 논문의 핵심인 수식은 지난해 발표된 해외 연구 그룹의 논문과 구조가 똑같습니다. 이들 논문에 대한 인용 표시는 전혀 없습니다. 베낀 논문들은 이 밖에도 2018년 미국 버클리대학 논문, 2021년 한국과학기술원(KAIST) 논문과 영국 옥스퍼드 논문 등 무려 10편에 가깝습니다. 〈SBS 뉴스, 정성진 기자 리포트〉

답:

03

영국 옥스포드대학의 앤드류 해밀턴 부총장은 외신을 통해 "좋은 대학은 학생들에게
훌륭한 교육을 제공하는 만큼, 등록금을 더 많이 받을 수 있어야 한다."고 말한 적이
있다. 그런데 이를 기사화한 한 신문은 제목을 〈영 옥스퍼드대 부총장 "명문대 등록금
비싸야"〉라고 뽑았다. 해밀턴 부총장 발언 중 일부만 뽑아 제목으로 삼은 것이다.

답 :

해답

01. 인용문 자체의 오류   02. 내 의견과 다른 사람 의견을 구별하지 않는 오류
03. 맥락을 무시한 인용의 오류

증거

연예인 A 씨는 경찰에 마약 투약 혐의로 입건되었다가 무혐의 처분되었다. 경찰은 그가 마약을 투약하고 있다고 판단했고, 그의 소변과 머리카락을 국립과학수사연구원에 넘겨 검사를 의뢰했다. 그런데 검사 결과 머리카락에서 다른 약품 성분은 나왔지만, 모르핀 성분은 검출되지 않았다. 결국 경찰은 긴급 체포 이틀 만에 연예인 A 씨를 귀가 조치했다.

실제로 있었던 일이다. 여기에서 처음에 경찰은 연예인 A 씨가 마약을 투약하고 있다고 주장했고, 연예인 A 씨는 다른 약품을 투약하고 있을 뿐, 마약은 아니라고 주장했다. 증거는 그의 소변과 머리카락이었다. 국과수에서 조사한 결과 마약 성분이 검출되지 않았다. 이 증거로 인해 연예인 A 씨의 주장이 옳음이 입증되었고, 그는 누명을 벗었다.

위의 사례처럼 어떤 주장을 할 때 그 근거로 증거를 제시할 때가 있다. 경우에 따라서 이는 훌륭한 근거가 된다. 증거는 구체적이기 때문이다.

이를 자주 볼 수 있는 곳이 법정이다. 법정에서는 두 가지 입장이 부딪친다. 서로 자기 주장이 옳다는 것을 입증하려고 증거를 들이댄다. 증거는 훌륭한 근거다. 확실한 증거만큼 완벽한 근거는 없으니까.

일상생활에서도 증거는 유력한 근거가 된다. 다음 대화를 살펴보자.

"원자력 발전, 당장 그만두는 것이 좋을 것 같아."

"그래도 가장 값싸게 전력을 생산할 수 있는 방법 아냐?"

"이것 봐. 후쿠시마 원전 사고 이후 찍은 사진들이거든. 토마토 열매에서 싹이 자라는 모습 보이지? 옥수수 두 개가 붙어 있지? 이게 모두 원자력 사고가 얼마나 참담한지를 보여 주는 증거야. 이런 일이 사람에게 나타난다고 생각해 봐. 전력 생산 비용보다 훨씬 중요한 이슈가 있다고 생각하지 않아?"

〈원자력 발전을 당장 그만두어야 한다〉고 주장하는 사람은 그 근거로, 후쿠시마 원전 사고 이후 찍은 식물 사진을 증거로 제시하고 있다.

최근 들어 각종 첨단 기기가 대중화되면서 증거는 더욱 다양하고 확실한 모습으로 나타난다. 시시티브이(CCTV)나 차량의 블랙박스 기록이 대표적이다. 이제는 교통사고가 나도 서로 삿대질하며 싸우지 않는다. 차량의 블랙박스나 시시티브이에 모든 것이 나와 있기 때문이다. 이를 증거로 제출하는 것이 목소리 높여 주장하는 것보다 훨씬 설득력 있다.

토론에서도 마찬가지다. 〈외계인은 존재한다〉는 주제로 진행된 디베이트에서 찬성 팀이 말한 내용을 살펴보자.

"외계인은 존재합니다. 가장 강력한 근거는 그동안 수없이 축적된 외계인과 관련된 증거들입니다. 유에프오(UFO)를 찍은 사진들이 대표적입니다. 미국의 어느 군사 기지에는 외계인의 사체가 보관되어 있다는 기록도 있습니다. 이러한 모든 증거들을 살펴봤을 때 외계인이 존재하는 것은 당연합니다."

찬성 팀은 〈외계인은 존재한다〉는 주장을 입증하려고 유에프오 사진이나 외계인의 사체 보관 기록 같은 증거를 근거로 제시하고 있다. 이렇게 말하니 주장이 훨씬 신뢰감 있게 다가온다.

이상과 같이 증거는 어떤 주장을 할 때 훌륭한 근거가 될 수 있다. 이를 그림으로 그리면 다음과 같다.

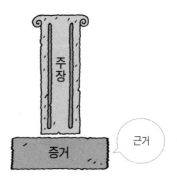

하지만 증거를 동원하는 것이 늘 올바른 논리를 만드는 것은 아니다. 증거가 왜곡되거나 조작될 가능성도 높기 때문이다.

증거의 오류는 다양하다. 크게 5가지 범주의 오류로 나눌 수 있다. (1) 불충분한 증거의 오류, (2) 은폐된 증거의 오류, (3) 특정 목적에 따라 증거를 채집하는 오류, (4) 확증 편향의 오류, (5) 조작된 증거의 오류 들이다.

불충분한 증거의 오류
– 불충분한 증거로 주장을 편다

증거는 자신의 주장을 입증하는 데 충분해야 한다. 그런데 증거가 있긴 하지만 불충분하여 엉뚱한 주장을 하게 만드는 경우가 있다. 이렇게 되면 그 증거는 오히려 진실을 호도하는 데 이용된다.

일부 채식주의자들은 식물성 단백질 섭취만으로도 필수 아미노산 섭취가 충분하다고 말한다. 그런데 다음 글은 그 주장이 불충분한 증거에 따른 것이라고 반박하고 있다.

> "동물성 단백질이 몸에 안 좋다며 꺼리는 사람도 있다. 단백질
> 은 아미노산이 모여 이룬 결정체로 우리 몸은 20가지 종류의
> 아미노산을 필요로 한다. 이 가운데 일부는 체내에서 합성되고
> 일부는 합성이 불가능하다. 인체 내에서 합성되지 않는 10가지
> 아미노산을 필수 아미노산이라고 하며, 이것은 반드시 음식으
> 로 섭취해야 한다. 그런데 우리 몸에서 합성할 수 없기 때문에
> 반드시 섭취해야 하는 필수 아미노산들이 바로 동물성 단백질
> 에 많이 들어 있다.
> 일부 채식주의자들이 채식만으로도 어린이나 청소년의 성장
> 에 큰 문제가 없다고 하지만, 식물성 단백질 섭취만으로는 필
> 수 아미노산 공급이 원활하게 이뤄지지 않는다. 이것이 바로
> 아기들뿐만 아니라 성장기 어린이와 어른 모두가 동물성 단백

질을 섭취해야만 하는 근거다."

〈파이낸셜 뉴스, 장원경 농촌진흥청 국립축산과학원 원장 글' 일부〉

이상의 글에서 장원경 원장은 "동물성 단백질은 몸에 안 좋다는 주장은 불충분한 근거에 따른 것"이라고 말한다. 식물성 단백질만으로는 필수 아미노산을 제대로 얻을 수 없다는 것이다. 장원경 원장이 볼 때 일부 채식주의자들의 주장은 '빈약한 증거에 따른 잘못된 주장'인 셈이다.

증거를 근거로 제시하려면 자신의 주장을 확실하게 뒷받침하는 충분한 증거를 제시해야 한다. 불충분한 증거는 오히려 오해를 불러일으킨다.

증거에서 나타나는 오류 2

은폐된 증거의 오류
– 입맛에 맞는 증거만 고른다

 상인_ 이 가방이 가장 좋습니다.

 손님_ 왜 그렇죠?

 상인_ 값을 보세요. 요즘 이렇게 싼 가방 보셨어요? 게다가 소재가 질겨요. 제가 이렇게 잡아당겨도 끄떡도 안 하잖아요. 가방을 오래 쓰고 싶다면 이 가방 사세요.

 손님_ 하지만 제 친구가 이거 들고 다니는 걸 봤는데요, 너무 무거워서 힘겨워하던데요. 이것 보세요. 어휴, 무거워!

증거는 주장을 뒷받침하는 근거로 쓰인다. 하지만 여러 가지 증거 가운데 자기 입맛에 맞는 증거만 강조한다면 오히려 사실을 왜곡하는 데 쓰일 수 있다. 말하자면 〈은폐된 증거의 오류〉에 빠질 수 있다.

상인은 '이 가방이 가장 좋다.'는 주장을 하려고 가방의 가격과 소재를 증거로 제시한다. 하지만 손님은 친구가 무엇을 못마땅해하는지 알고 있었다. 상인은 가방과 관련된 여러 증거 중에서 자기 입맛에 맞는 증거만을 제시하여 사실 판단을 흐리게 한 것이다.

어떻게 하면 은폐된 증거의 오류를 피할 수 있을까? 결국 증거를 받아들이는 쪽에서는 '현재 제시된 증거가 제대로 된, 균형이 잡힌 증거인가?'를 논리에 맞게 따져 보는 수밖에 없다.

증거에서 나타나는 오류 3 — 특정 목적에 따라 증거를 채집하는 오류
특정 목적에 따라 증거를 채집하는 오류
– 특정 목적에 따라 증거를 채집한다

증거는 자기 주장을 신뢰감 있게 전달하는 데 도움을 준다. 그런데 이를 악용하는 것도 가능하다. 그러니까 특정 목적에 따라 확실하지 않은 주장, 틀린 주장을 그럴듯한 증거를 들어 제시하는 것이다. 이 경우, 증거가 그럴듯하면 사람들은 오해하기 시작한다. 히틀러의 참모였던 괴벨스가 한 말도 있지 않은가? '거짓말은 처음에는 안 믿지만, 그다음에 하면 의심하다가 되풀이하면 모두 믿는다.'라고.

세상에 떠도는 음모론 중에는 이런 경우가 많다.

미국에서 가장 고전이 된 음모론으로 케네디 암살 음모론이 있다. 종류도 많아 쿠바의 보복설, CIA의 음모설, 국제금융자본 개입설 등이 있다. 이들 음모론은 하나같이 그럴듯한 증거를 제시하여 사람들을 갸우뚱하게 한다. 21세기에 일어난 최초의 테러 사건이라는 9·11 테러에도 자작극 음모론이 난무한다. 여기에는 미국 정부가 테러 정보를 사전에 알고 있었다는 설, 심지어 테러 조직과 협조 관계였다는 설까지 있다. 이 또한 다양한 '그럴듯한 증거'를 제시하여 사람들을 현혹한다. 이러한 음모론들은 나중에 반증의 증거가 나타나 사라지기도 하지만, 오랫동안 사람들 입에 오르내리기도 한다.

증거는 정확히 따져 보아야 한다. 또 주장을 정확히 지지하는 것이라야 한다. 그런데 세상에는 오히려 '그럴듯한 증거'로 특정 목적을 꾀하는 사람들이 있다.

증거에서 나타나는 오류 4 확증 편향의 오류
– 자신의 생각을 뒷받침하는 증거만 찾는다

술 자리든 토론 자리든, 종교 얘기만 나오면 끝이 안 난다. 종교와 관련된 논쟁은 끝이 없기로 유명하다. 종교를 옹호하는 편에서는 이를 뒷받침해 주는 증거들을 만나면 반가워한다. 하지만 이에 방해가 되는 증거는 인정하고 싶어 하지 않는다. 피하는 것이다.

반대의 경우도 마찬가지다. 종교를 공격하고 싶은 쪽에서는 종교에 얽힌 비리나 일탈 행위들이 크게 보인다. 그러니까 양쪽 모두 자신의 결론은 이미 전제해 두고 이에 걸맞은 증거들만 채집하는 것이다.

답을 미리 정해 두고 증거를 찾는 일.

사람들한테는 거의 다 이런 성향이 있다. 하지만 범죄의 사실 여부를 따지는 판사들이라면? 눈으로 보이는 증거만으로 판단해야 하는데, 이미 선입견을 갖고 있다면? 아마 공정한 판결을 하기 힘들 것이다. 그래서 판사들은 따로 이러한 오류에 빠지지 않는 훈련을 한다. 논리를 다루는 사람도 마찬가지다. 혹시 스스로 이런 편향에 빠져 있지 않은지 늘 자문해야 한다. 증거는 '객관적으로' 다뤄야 하는 것이다.

증거에서 나타나는 오류 5 | 조작된 증거의 오류
– 아예 증거를 조작한다

아예 증거를 조작하기도 한다. 여기서부터는 범죄에 가깝다.

서울시 공무원 간첩 조작 사건이 있었다. 유우성 씨는 서울시 공무원이었다. 그런데 그는 원래 탈북민이었다. 그런 그가 간첩 혐의로 구속 기소되었다. 한국에서 '간첩'이라는 낙인이 찍히면 본인은 물론 가족까지도 삶이 엉망이 된다. 그런데 재판 과정에서 유우성 씨는 자신을 수사한 수사 기관이 증거를 조작했다고 고소했다. "무죄를 입증할 일부 증거는 재판부에 제출되지 않았고 일부 증거는 날조돼 제출됐다."는 것이 그의 주장이었다. 결국 대법원은 그의 간첩 혐의에 대해서는 무죄를 확정했다. 이 일로 수사 기관의 신뢰도에 큰 손상을 입게 되었다.

한국의 국가 기관은 '유우성 씨는 간첩이다.'는 주장을 입증하려고 다양한 증거 자료를 제출했다. 그런데 그 증거들 중 일부가 조작된 것이었다. 국가 기관의 명예가 한순간에 추락하는 큰 사건이었다. 결과는? 증거가 조작되었기 때문에 유우성 씨의 간첩 혐의는 무죄였다.

토론 현장이라면 어떨까? 토론 현장에서 조작된 증거를 제시하면 대처할 방법이 거의 없다. 그 짧은 시간에 증거의 진위 여부까지 조사할 수는 없기 때문이다. 언젠가 디베이트 현장에서 이런 일이 있었다. 그러니까 조작된 증거가 디베이트에서 통할 수 있는지 알아보려고 일부러 그럴듯한 가짜 증거를 근거로 제시한 것이다. 그 시도를 했던 사람은 "아무도 알아차리지 못했다."고 전하며, "이런 경우는 디베이트에서 어떻게 처리되느냐?"고 물었다.

정답은 무엇일까?

디베이트 현장, 토론 현장에서는 '정직의 의무'가 있다. 자신이 제시하는 각종 근거들이 사실이어야 한다는 원칙이다. 이들 근거를 조작한다면 토론 현장에서는 가려낼 방법이 거의 없다. 결국 토론 현장에서는 '상대방이 제시하는 근거는 사실이다.'는 전제를 두고 토론을 진행할 수밖에 없다.

그렇다고 전혀 대책이 없는 것은 아니다. 만일 나중에라도 이런 일이 발견되면 해당 토론자는 모든 서훈을 빼앗기고, 앞으로 벌어지는 그 어떤 토론회에도 나갈 수 없다.

> 증거만큼 주장을 확실하게 뒷받침할 수 있는 근거는 없어 보인다. 맞는 말이다. 그러나 또 우리 눈을 쉽게 속일 수 있는 근거로 증거만 한 게 없다. 눈 똑바로 뜨고 논리를 찾자.

이것만은 꼭! **상대가 '증거'를 근거로 내세울 때는 반드시 확인하자!**

첫째, 제시된 증거는 충분한가?

둘째, 은폐된 증거는 없는가?

셋째, 특정 목적에 따라 채집된 증거는 아닌가?

넷째, 선입관에 빠져 이미 결론을 정해 놓고 상황을 주관적으로 판단한 것은 아닌가?

다섯째, 증거를 조작한 것은 아닌가?

주장의 근거로 쓰는 '증거'에도 오류가 생긴다.
다음은 각각 어떤 유형의 오류인가?

☐ 불충분한 증거의 오류   ☐ 은폐된 증거의 오류   ☐ 특정 목적에 따라 증거를 채집하는 오류
☐ 확증 편향의 오류   ☐ 조작된 증거의 오류

01

문화체육관광부가 발표한 2021년 국민 독서 실태 조사 결과에 따르면 한국인 중 성인의 절반 이상이 1년에 책을 한 권도 읽지 않는다. 책을 읽는 사람들만을 대상으로 하면 1년에 4.5권을 읽는다. 전체 평균으로 보면 거의 책을 읽지 않는 것이다. 그렇다면 오래간만에 책을 사는 사람은 어떤 책을 살까? 자연스럽게 손은 베스트셀러를 향한다. 결국 베스트셀러를 만드는 것이 출판사에는 사활을 걸 정도의 중대한 이해관계가 된다. 원래는 좋은 책을 만들면 된다. 그렇지 않을 때는? 한국 출판계에는 못된 마케팅 방법이 하나 있다. 대형 서점을 대상으로 자신들이 만든 책을 사재기하는 것이다. 그러면 판매량이 늘어나게 되고 베스트셀러에 진입한다. 책이 더 잘 팔리게 되는 것이다. 베스트셀러 순위 조작 마케팅이다.

답:

02

철수: "달에 착륙한 아폴로 우주선, 사실은 달에서 찍은 것이 아니래."

영수: "뭐라고, 세계로 생중계된 일이 사실이 아닐 수 있어?"

철수: "사진을 좀 봐. 달에는 공기가 없지? 그런데도 성조기는 펄럭이고 있잖아. 어디에선가 공기가 있는 곳에서 사진을 찍었다는 명백한 증거가 되지."

영수: "와! 정말로 성조기가 펄럭이고 있네…."

답:

03

최근 정치 양극화를 우려하는 목소리가 높다. 한국뿐만이 아니라 세계적인 현상이다. 정치 양극화는 정치적 견해 혹은 정치적 선호도가 두 진영의 양극단으로 갈리는 현상을 말한다. 이때 한 진영에 속한 사람들은 자기가 듣고 보고 싶은 것만 접한다.

SNS에서도 자신의 정치 성향과 다른 사람들은 모두 차단한다. 자신이 좋아하는 방향의 뉴스나 소식은 그 사실 여부를 따지지 않고 받아들인다. 정치 양극화는 더욱 심해진다.

답:

04

피임약은 정말 살찌게 만드는 것일까? 많은 여성이 피임약이 체중 증가의 원인이 된다고 믿어왔다. 그 결과 피임약을 먹는 것을 주저하게 되는 것이다. 하지만 이런 생각이 잘못되었다는 논문 혹은 전문가의 견해가 줄을 잇고 있다. 전문가들은 "피임약이 처음 개발될 때, 이런 현상이 있었던 것은 맞지만, 이후 개발된 피임약은 체중 증가와 상관이 있다는 증거가 발견되고 있지 않다."라고 말한다. 무조건 "피임약을 먹으면 몸무게가 는다."는 생각은 잘못이라는 것이다.

답:

05

구매자: "좋은 중고차 있을까요?"
판매자: "이 차가 좋습니다. 우선 올해 나온 거의 새차인 데다, 외관도 이렇게 깨끗하고, 값도 아주 좋게 나왔습니다."
구매자: "사고 기록은 없나요?"
판매자: "글쎄, 그게…, 사실은 하나 있긴 한데…."

답:

해답

01. 조작된 증거의 오류
02. 특정 목적에 따라 증거를 채집하는 오류
03. 확증 편향의 오류
04. 불충분한 증거의 오류
05. 은폐된 증거의 오류

사 례

 철수_ 죽었다고 사람의 인생이 모두 끝나는 것은 아닌가 봐.

 하정_ 무슨 소리야? 죽으면 끝이잖아.

 철수_ 실제로 다시 환생한 사례가 있어. 어제 TV에 보니 이
웃 마을의 아이로 다시 태어난 남자의 이야기가 나오
더라고.

 하정_ 정말? 그러면 사람이 죽는 것이 끝이 아닌 거야?

철수와 하정의 대화에서 하정이를 꼼짝 못 하게 한 것은, '실제로 다시 환
생한 사례'가 있다는 것이다. 그런 사례가 있다면, 비슷한 일이 일어날 가
능성이 충분히 있다는 뜻이기 때문이다.

'실제로 그런 일이 있었다.'
이것이 바로 사례다. 이는 훌륭한 근거가 된다.

또 다른 예를 살펴보자.

부장_ 우리 회사가 중국에 진출하는 것 어떻게들 생각해?

 과장_ 최근 들어 중국에 잘 정착해서 매출을 크게 늘린 기업
들의 사례가 언론에 자주 소개되고 있습니다. 충분히
가능한 일이라고 생각합니다. 중국도 이제는 꽤 자본
주의에 익숙해졌습니다.

 대리_ 제가 뭘 알겠습니까마는, 그만큼 실패 사례도 많다는
점을 감안해야 한다고 봅니다. 특히 우리 같은 중소기업
은 막판에 기술만 뺏기고 도망쳐 온 사례도 많습니다.

이 대화에서 중국에 진출하자는 과장도, 주의해야 한다고 주장하는 대리
도 자기 주장의 근거로 모두 사례를 들었다.

"운전 중 동영상 시청을 금지해야 합니다. 무엇보다 안전에 큰
위협이 되기 때문입니다. 실제로 2012년 5월 1일, 훈련 중이던
상주시청 여자 사이클 선수단을 대형 트럭이 덮쳐 세 사람이
숨지고 네 사람이 다친 사례가 있습니다. 당시 사고 운전자는
동영상을 보고 있었는데, 사고를 일으키고도 이를 몰라 선수들
을 100미터나 끌고 갔다고 합니다. 이처럼 운전 중 동영상 시청
은 안전을 위협합니다."

토론에서도 마찬가지다. 자신의 주장을 입증할 때 관련 사례를 근거로 제시하면 좋다. 〈운전 중 동영상 시청을 금지해야 한다〉는 주제로 열린 토론에서 찬성 팀은 사례를 들어 자신의 주장에 힘을 실었다. 워낙 끔찍한 사건이었으니만큼 이를 듣는 사람은 사례를 한 가지만 내놔도 고개를 끄덕인다.

이처럼 사례의 제시는 어떤 주장을 할 때 훌륭한 근거가 될 수 있다.

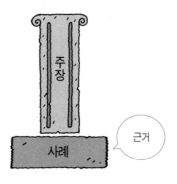

사례를 충분한 근거로 제시하려면 그 사례가 '전형성'을 갖고 있어야 한다. 즉, 하나의 사례일 뿐이지만, 하고자 하는 주장과 잘 맞는 보편타당한 사례라면 사람들은 신뢰한다. 거꾸로 사례의 전형성이 빈약하면 주장의 신뢰도는 떨어진다. 한두 가지의 '특별한' 사례를 들어 터무니없는 주장을 한다면 그 사례는 현실을 왜곡하거나 조작하는 데 이바지할 뿐이다.

사례의 오류는 다양하지만 크게 두 가지 유형의 오류로 나눠 살펴본다. (1) 성급한 일반화의 오류, (2) 엉터리 사례의 오류이다.

성급한 일반화의 오류
– 한두 가지 사례로 일반화한다

 철수_ 너는 짜장면 먹을 거야, 짬뽕 먹을 거야? 나는 짬뽕.

 영희_ 그러면 나는 짜장면 먹을래.

 철수_ 사장님. 짜장면 하나, 짬뽕 하나요!

〈1분 뒤〉

 철수_ 사장님. 왜 이렇게 안 나와요. 빨리 주세요.

 영희_ 철수야. 음식 주문한 지 1분밖에 안 됐거든. 넌 왜 그렇게 성격이 급하니? 하여튼 한국 사람들은 성격이 너무 급하다니까.

음식점에 가면 흔히 볼 수 있는 장면이다. 음식을 주문한 지 1분이 지난 뒤에 빨리빨리를 외치는 철수는 성격이 급해 보인다.

그렇다고 철수의 성격이 한국 사람의 성격을 대표할 수 있을까? 일본이나 중국, 미국 사람을 겨우 한둘 안다고 그 나라 사람을 모두 안다고 말할 수 있을까? 어렵게 말하자면 철수의 사례가 한국 사람의 전형성을 확보하고 있다고 말할 수는 없다. 그런데 영희는 제한된 정보로 한국 사람들은 모두 성질이 급하다고 단정 지어서 이야기했다.

이처럼 제한된 정보, 불충분한 정보, 대표성이 결여된 한두 개의 특수한 사례를 들어 전체가 그 사례의 특성이 있다고 단정하는 것, 바로 〈성급한 일반화의 오류〉이다.

한 가지 예를 더 살펴보자.

 남자_ 여자들은 정말 문제야. 대통령을 뽑는데, 얼굴만 따지
거든.

 여자_ 뭐라고? 도대체 왜 그렇게 생각하는 거지?

 남자_ 우리 할머니는 맨날 잘생긴 사람을 대통령으로 뽑겠다
고 하고, 우리 어머니도 잘생긴 남자가 일도 잘한다고
하시거든.

 여자_ 세상에나…, 물론 그런 사람들도 있겠지만….

남자의 말에 여자는 답변을 제대로 하지 못했다. 만약 여자가 〈성급한 일반화의 오류〉를 잘 알고 있었다면 이렇게 대답했을 것이다.

　　　"아니, 어떻게 너희 할머니와 어머니의 사례가 전체 여자들을
대표할 수 있다는 거지? 그건 성급한 일반화의 오류야. 그런 식
으로 여자에 대해 생각하는 것은 너의 편견일 뿐이야."

엉터리 사례의 오류
― 사례 자체가 엉터리이거나 조작되었다

사례가 근거로서 큰 힘을 갖는 것은 '실제로 그런 일이 존재했다.'는 점에 있다. 그런데 만약 그 사례 자체가 조작된 것이거나 엉터리 사례라면? 당연히 그에 따른 주장은 엉터리 주장이 될 수밖에 없다.

다음 대화를 살펴보자.

철수_ 우리 학교는 남달리 자원봉사에 애쓰고 있습니다. 인성 교육에 최고이기 때문입니다.

영수_ 모범적인 사례를 하나 알려주시겠습니까?

철수_ 예를 들어 김상호 학생의 경우 방학 때 일주일에 걸쳐 하루 5시간씩 자원봉사를 한 기록을 제출했습니다. 일주일 동안 무려 35시간을 자원봉사 한 것입니다.

영수_ 어, 그건 잘못된 것이라고 자원봉사 센터에서 문제가 된 사례 아닌가요? 자원봉사는 이동 시간을 인정하지 않습니다. 김상호 학생의 하루 5시간 자원봉사 기록은 이동 시간까지 포함된 것이었습니다. 그러니까 이동 시간을 제하면 하루 3시간이 맞는 것입니다. 일주일이면 21시간입니다.

철수는 김상호 학생의 사례를 들어 "우리 학교는 남달리 자원봉사에 애쓰고 있다."라고 주장했다. 그런데 김상호 학생의 사례는 엉터리 사례다. 과장된 사례인 것이다. 엉터리 사례에 근거하여 나온 주장이니, 그 주장은 신뢰도가 떨어진다.

어떤 주장을 할 때 '사례'는 논리를 뒷받침할 수 있는 훌륭한 근거가 될 수 있다. 하지만 앞에서 본 것처럼 잘못된 사례를 덧붙이면 대단히 위험한 무기가 될 수 있다. 우리는 언제나 진실을 가리는 사례를 찾아야 한다.

이것만은 꼭! '사례'를 근거로 댈 때 다음을 꼭 질문해 보자.

첫째, 한두 가지 사례를 가지고 성급하게 일반화하고 있지는 않은가?

둘째, 실제 사실이 아닌 내용을 사례로 제시하고 있는 것은 아닌가?

주장의 근거로 쓰는 '사례'에도 오류가 생긴다.
다음은 각각 어떤 유형의 오류인가?

☐ 성급한 일반화의 오류 ☐ 엉터리 사례의 오류

01

철수: 종교인들은 문제가 많아. 종교인이면서 권력과 부를 추구하는 사람들이 여럿이 잖아?

영수: 하지만 착실하게 신앙생활을 하는 종교인들이 더 많던데….

답:

02

기자 1: 이번 〈학교 공부로도 충분하다〉 시리즈 기사, 정정 기사 내야 합니다.

기자 2 : 왜 그런 말씀을?

기자 1 : 학원은 한 번도 안 가고 교과서만으로 공부했다는 학생이 나왔잖아요?

기자 2 : 그런데요?

기자 1 : 그 학생이 다니는 학교는 아예 외부의 학원 강사들을 학교에 오게 해서 가르치고 있었어요. 이 제보가 사실이라면, 이는 잘못된 것 아닌가요?

답:

(해답) ....

01. 성급한 일반화의 오류   **02.** 엉터리 사례의 오류

추론

추론(推論)이란 무엇인가를 근거로 해서 어떤 결론을 이끌어 내는 논리 과정을 뜻한다. 사전에는 "이미 알고 있는 또는 확인된 정보로부터 논리적 결론을 도출하는 행위 또는 과정(출처: 위키백과)"이라고 추론을 설명한다. 사실 추론은 모든 〈주장 — 근거〉의 관계 속에 숨어 있다. 영국의 철학자이자 수사학자, 논리학자인 스티븐 툴민의 설명에 따르면, 주장과 근거의 관계가 적절한지 고민하는 과정, 바로 그 자체가 추론의 과정이다. 그만큼 추론 능력은 비판적 사고력의 핵심 능력이다.

하루는 윌슨이라는, 머리카락이 빨간 사람이 셜록 홈스를 찾아왔다. 셜록 홈스는 한동안 윌슨을 바라보다가 말을 꺼냈다.

"왓슨, 이분은 전에 직업이 목수였던 것 같네. 그리고 최근에는 글 쓰는 일을 하신 듯하고…."

이 말을 듣고 윌슨은 깜짝 놀라 말했다.

"아니, 그걸 어떻게 아셨나요? 저를 전부터 알고 있었나요?"

홈스는 이렇게 답했다.

"아닙니다. 선생님 오른손을 보니 뼈마디가 거칠고 굵었습니다. 목수들이 흔히 그렇습니다. 그리고 오른쪽 소매 끝이 반들거리고 왼쪽은 팔꿈치가 닳아 있는 것을 보아, 글을 많이 쓰신

분이라고 판단했죠.""

사람들이 즐겨 읽는 추리소설인 〈셜록 홈스〉. 이 소설에는 추론이 넘쳐난다. 셜록 홈스는 월슨의 손과 옷차림을 근거로 월슨이 하는 일을 알아낸다. 일반인들은 흔히 놓치는 이런 작은 실마리에서 새로운 결론을 추론해 내는 것이다.

요즘 유행하는 비판적 사고력 시험에도 추론 관련 문제가 흔히 포함된다.

다음 문제를 풀어 보자.

> 문제. 〈한국 - 김치〉의 관계와 가장 어울리는 조합은?
> (1) 일본 - 후지산
> (2) 중국 - 마우쩌둥
> (3) 미국 - 스테이크
> (4) 영국 - 축구

이 문제에서 한국과 김치의 관계는 〈한국을 가장 대표하는 음식인 김치〉이다. A - B로 단순화하면 〈A 지역을 가장 대표하고 있는 음식이 B〉라는 관계이다. 그런데 (1)은 일본에서 가장 유명한 산인 후지산, (2)는 중국에서 가장 유명한 정치가인 마우쩌둥, (3)은 미국을 가장 대표하는 음식인 스테이크, (4)는 영국에서 가장 유행하는 스포츠인 축구이다. 결국 답은 (3)이다. 이 문제는 두 단어 사이의 관계를 정확히 추론해 낼 수 있는지를 묻고 있다.

토론에서도 마찬가지다. 자신의 주장을 입증하려 할 때 추론을 알맞게 제시하면 좋다. 다음은 〈국제 사회는 핵무기를 바라보는 기존 입장을 바꾸어야 한다〉는 주제로 열린 토론의 찬성 팀 주장이다.

"국제 사회는 핵무기를 바라보는 기존 입장을 바꾸어야 합니다. 안 그러면 인류는 비극으로 끝날 수밖에 없습니다. 아시다시피 세계 곳곳에서는 전쟁이 끊이지 않습니다. 새로운 갈등이 여러 곳에서 나타나고 있습니다. 해당 국가들은 군비 경쟁을 하는 과정에서 핵무기의 개발과 보유를 심각하게 고려하고 있습니다. 기존의 갈등과 전쟁이 핵무기 사용을 부를 수 있다는 뜻입니다. 핵무기는 개별 국가 차원의 피해를 넘어서서 온 세계를 위협할 것입니다. 이런 근거에서 국제 사회는 핵무기를 바라보는 기존 입장은 바꾸어야 합니다. 핵무기의 제한과 폐기를 가장 중요한 목표로 설정해야 합니다."

찬성 팀은 추론을 근거로 들어 자신의 주장에 힘을 실었다.

"최근 전쟁과 갈등이 늘었다.
→ 해당 국가들은 군비 경쟁에 나설 수밖에 없고, 이는 핵무기의 개발과 보유로 이어질 것이다.
→ 기존 갈등이 심화되면 핵무기 사용을 부를 수 있다.
→ 이는 개별 국가 차원을 넘어 온 세계를 위협할 것이다.
→ 따라서 국제 사회는 기존 입장을 바꾸어야 한다.

어떤가? 충분히 설득력 있게 다가오지 않은가?

이와 같이 추론은 주장을 뒷받침하는 훌륭한 근거가 될 수 있다.

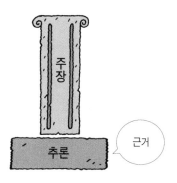

그렇다고 추론이 늘 올바른 논리를 만드는 것은 아니다. 잘못된 추론도, 엉터리 추론도 수없이 많기 때문이다. 여기서는 크게 4가지 유형의 오류로 나누어 살펴본다. (1) 무지에 호소하는 오류, (2) 분할의 오류, (3) 결합의 오류, (4) 군중(대중)에 호소하는 오류 들이다.

무지에 호소하는 오류
- 증명된 적이 없으므로 인정 또는 거절해야 한다

 철수₋ 영수야, 너는 UFO와 외계인이 존재한다고 생각하니?

 영수₋ 글쎄, UFO와 외계인은 다 꾸며 낸 이야기 아닐까?

 철수₋ 아니야. 미국 국방성이 UFO와 외계인의 시신을 비밀
공군 기지에 보관하고 있다는 사실을 한 번도 정식으로
부인한 사실이 없어. 그러니까 UFO와 외계인이 존재한
다는 건 사실이야.

정말 말을 안 한다고, 부인을 안 한다고 잘못을 시인하는 것일까? 그렇지
않다.

"거 봐. 네가 꿀리는 게 있으니까 말을 못하는 거잖아!"

"저 사람, 변명이 없는 것으로 보니 죄를 인정하는 것 같은데…."

이런 말을 들으면 정말 그런 것 같다. 사람 홀리기 딱 좋다.

현재 UFO와 외계인은 둘 다 존재 여부가 불투명한, 확인되지 않은 사실이
다. 그런데 철수는 미국 국방성이 관련 사실을 부인한 적이 없다는 사실을
근거로 UFO와 외계인이 존재한다고 주장하고 있다.

이처럼 어떤 주장이 반증된 적이 없다는 근거로 사실이라고 주장하거나,
결론이 증명된 것이 없다는 근거로 틀렸다고 주장하는 오류를 범하는 일
이 무척 많다.

분할의 오류
– 전체가 가진 성질은 부분에도 통한다

 영희_ 철수야! 너희 형은 세계사를 잘 알겠구나.

 철수_ 왜 그렇게 생각해?

 영희_ 너희 형 서울대에 다닌다며. 그러니까 세계사도 잘 알겠지.

 철수_ 우리 형은 공학도라 세계사는 무척 어려워했는데….

분할의 오류는 어떤 전체가 특정한 성질을 띠기 때문에 다른 작은 부분도 전체와 성질이 같을 것이라고 주장하는 오류다.

서울대는 한국의 대표적인 명문대다. 그래서 영희는 서울대에 다니는 모든 학생은 여러 방면에서 두각을 나타내겠다고 판단했다. 철수의 형이 서울대에 재학 중이니, 세계사도 당연히 잘 알 것으로 생각한 것이다. 정말 그럴까?

알다시피 좋은 것의 부분이 항상 좋은 것은 아니며, 반대로 나쁜 것의 부분이 항상 나쁜 것은 아니다. 나무 한 그루가 멋있어 보인다고 해서 그 나무를 구성하는 나뭇잎이 모두 멋있는 건 아닌 것처럼, 서울대를 다닌다고 해서 모든 과목을 잘 안다고 단정 지을 수는 없다. 역시 잘못된 추론이다.

결합의 오류
– 부분의 속성이 부분을 더해도 나타난다고 믿는다

 영희_ 철수야! 내가 문제를 낼 테니까 답을 맞혀 봐! 1과 3, 그
리고 4는 홀수일까, 짝수일까?

 철수_ 뭐 그렇게 쉬운 문제를. 1과 3은 홀수고 4는 짝수지.

 영희_ 땡! 바보. 4도 홀수잖아. 1도 홀수고 3도 홀수니까 홀수
인 1과 3을 더한 4도 홀수지.

 철수_ 뭐라고? '홀수 + 홀수 = 홀수'라고?

우리는 영희 같은 아이를 보면 당황한다. 초등학교 1학년 아이도 아는 문
제를 엉뚱하게 풀어 놓았으니까. 1과 3이 홀수라고 해서 두 숫자의 합인 4
도 홀수일 거라고 주장하는 것은 이치에 맞지 않다.

아마 여러분은 영희 같은 생각은 안 하겠지만, 놀랍게도 이런 일은 무척
흔히 일어난다. 이런 오류는 부분에 어떤 속성이 있으니까 그 부분의 합도
같은 속성이 있다고 믿는 데서 생긴다.

어떤 모임에 똑똑한 열 사람이 있다고 치자. 이 사람들이 어떤 결정을 내
린다고 할 때, 언제나 올바른 결정만 내릴 수 있을까? 한 사람 한 사람이 똑
똑해도 올바르지 않은 결정을 내릴 수도 있다. 아무리 똑똑한 무리들이 모
였어도 잘못 뭉치면 배가 산으로 갈 수 있다는 말이다.

군중(대중)에 호소하는 오류
– 군중이 그렇게 생각하면 옳다고 믿는다

 영수_ 철수야! 너 이번에 새로 나온 〈엄마는 못 말려〉란 책 읽
어 봤어?

 철수_ 물론이지. 그 책, 좋은 동화책이잖아. 당연히 읽었지.

 영수_ 좋은 동화책이라고? 왜?

 철수_ 나온 지 한 달밖에 안 됐는데 10만 부나 팔렸으니까.

마지막으로 〈군중에 호소하는 오류〉, 즉 어떤 판단의 근거로 타당한 까닭을 제시하지 않고 군중들의 태도를 제시하는 경우다.

철수의 논리에는 무엇이 빠졌을까? 많이 팔리는 책이 좋은 책일까? '많이 팔리는 책이 좋은 책'이라는 사회의 합의가 있다면 그럴 수도 있다. 그런데 아니다.

철수가 책의 가치를 증명하고 싶다면 작품성이나 문장, 이야기 구조 같은 다양한 요소를 제시해야 한다. 그런데 철수는 많은 사람이 그 책을 사 보았다는 것을 근거로 좋은 책이라 주장하고 있다. 철수는 군중(대중)에 호소하는 오류를 범했다.

우리가 선거로 뽑는 정치인이나 행정 전문가를 놓고 생각해 보자. 선거는 조금이라도 표가 많이 나오는 사람이 이기는 게임이다. 표를 많이 받은 사람이 정치인이나 행정 전문가가 된다. 그러나 표를 많이 받은 사람이 언제

나 일을 잘하는 것은 아니다.

추론은 '앞뒤가 맞는 판단'이다. 잘못된 추론은 '앞뒤가 맞지 않는 판단'이다. 그러니까 추론 과정을 검토할 때는 앞뒤의 논리가 맞는지를 눈여겨봐야 한다. 이 과정을 놓치면 엉터리 주장과 근거가 탄생한다.

이것만은 꼭! 상대가 주장의 근거로 '추론'을 내세울 때 반드시 확인하자!

첫째, '아닌 것'과 '아직 모르는 것'은 다르다. 성급히 유추한 것은 아닌가?

둘째, 전체의 일부만을 잘라서 확대해 보는 오류를 저지르고 있지 않은가?

셋째, 부분의 속성을 합해도 그 성질이 동일하다고 생각하는 것은 아닌가?

넷째, 많은 사람들이 동의했다고 무조건 맞다고 할 수 있는가?

추론을 할 때도 오류가 생긴다. 다음은 각각 어떤 오류인가?

□ 무지에 호소하는 오류   □ 분할의 오류
□ 결합의 오류   □ 군중(대중)에 호소하는 오류

01

영수: 내 여자친구는 눈도 예쁘고, 코도 예쁘고, 입도 예뻐.

철수: 그래서 얼굴은 예뻐?

영수: 얼굴? 눈도 예쁘고, 코도 예쁘고, 입도 예쁘다니까. 같은 말 아니야?

답:

02

사장: 우리 회사에서 판매하는 신차는 으뜸 품질을 보증합니다.

고객: 어떻게 으뜸 품질을 보증하죠?

사장: 이 차는 이미 500만 고객이 구매한 인기 자동차이니까요!

답:

03

미정: 용은 정말 존재한다니까.

혜정: 실제로 본 사람이 없잖아. 모두 사람들이 만들어 낸 거짓말이야.

미정: 그렇다고 용이 없다는 것을 증명한 사람도 없잖아?

답:

04

철수: 너희 형은 우리나라에서 가장 좋은 대학에 입학했으니까 분명히 가장 훌륭한 학생일 거야.

영수: 우리 형이 가장 훌륭한 학생이라고? 공부는 잘하지만, 성격은….

답:

해답

01. 결합의 오류   **02.** 군중(대중)에 호소하는 오류
03. 무지에 호소하는 오류   **04.** 분할의 오류

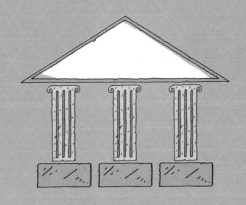

둘째 마당을 읽고 나면
논리의 집을 제대로 지을 수 있게 된다.
또한 주장과 근거로 구조를 세운 상대방의 입장을
무너뜨릴 수 있는 논리의 힘도 생길 것이다.

둘째 마당

논리적으로
분석한다는 것

첫째 마당에서 우리는 논리의 기본 단위를 살펴보았다. 논리의 기본 단위인 〈주장 ― 근거〉의 관계를 배운 다음, 제대로 된 주장과 근거는 어떻게 만들어야 하는지를 알아보았다.

이제 둘째 마당에서는 여러 가지 논리를 분석한다. 첫째 마당에서 배운 논리의 기본 단위를 바탕으로 각각의 논리들이 어떤 구조로 만들어져 있고, 또 적절한지를 따져 본다. 그래서 제목이 〈논리적으로 분석한다는 것〉이다.

논리 구조를 분석하는 작업을 여러 번 해 보면, 이 세상에 존재하는 그 어떤 복잡한 논리도 단순화할 수 있는 힘이 생긴다. 의과대 학생들은 뼈 있는 닭을 먹을 때 재미 삼아 닭뼈를 맞춰 보며 논단다. 뼈대를 알면 몸통을 쉽게 떠올릴 수 있다. 문장들을 뜯어 보면 상대방이 내놓은 논리에 어떤 맹점이 있는지도 쉽게 알아차릴 수 있다. 디베이트에서라면 교차 질의나 반박을 재빨리 해내는 능력을 기를 수 있다. 나아가 내 스스로 논리를 짤 때 더 완벽한 논리를 구사하는 힘도 생긴다.

이 책의 〈머리말〉에서 다음과 같은 그림을 보여 주며 어떤 그림이 안정되어 보이는지를 물었다.

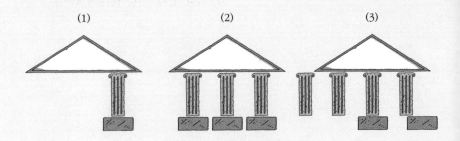

(1)은 불안해 보인다. 큰 지붕을 겨우 기둥 하나가 버티고 있기 때문이다. (2)는 안정감이 있어 보인다. 폭풍이 와도 쓰러질 것 같지 않다. (3)은 어지러워 보인다. 기둥이 여럿 있지만 틀을 벗어난 것 같고, 주춧돌은 아예 없거나 옆으로 틀어져 있어 위험하다.

첫째 마당에서 '기둥 = 주장, 주춧돌 = 근거'를 뜻한다고 했다.

둘째 마당부터 새로 등장한 지붕은 뭘까? 지붕은 주제에 대한 입장이다. 여러 기둥은 그 입장을 입증하기 위한 주장들이다. 여러 주춧돌은 주장을 뒷받침하는 근거들이다.

어떤 주제에 대한 입장을 표명할 때는 적절한 주장이 뒷받침되어야 하고, 또 주장은 적절한 근거가 뒷받침되어야 한다. 그러니까 논리를 분석했을 때 (2)와 같은 그림이 나타난다면 그 논리는 탄탄한 것이라 할 수 있다.

하지만 현실은 그렇게 만만하지 않다. 우리가 흔히 보는 현실의 논리는 허술해 보이는 주장과 근거만 있거나(=(1)의 경우), 어지러워 보이는 주장이나 근거로 가득하다(=(3)의 경우). 집을 이렇게 지었다가는 하루도 안 되어 허물어질 것이다. 논리도 마찬가지다. (1)이나 (3) 같은 식으로 논리를 폈다가는 상대방의 한두 가지 반박에 바로 허물어져 버릴 것이다.

여러분의 집을 잘 짓고 싶다면 먼저 다른 사람들이 지은 집들을 많이 살펴보는 것이 좋다. 좋아 보이는 집은 왜 좋아 보이는지, 부실해 보이는 집은 왜 부실해 보이는지 자세히 살펴보면, 나만의 집을 지을 때 크게 힘들이지 않고 튼튼하게 지을 수 있다.

이제 정말 논리를 분석해 볼 차례다. 이번에 잘 분석해 보기만 하면 셋째 마당에서 만날 실습도 문제없을 것이다.

다시 한번 여러분이 짓고 싶은 집을 떠올려 보자. 바로 이런 집이다.

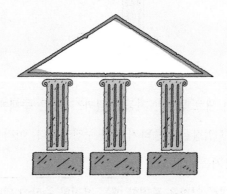

논리학에서 사용하는 용어에 대하여

논리를 전개하기에 앞서 잠깐 확인해 둘 것이 있다. 이 책에서 사용하는 용어에 관한 것이다.

현실에서는 이 책에서 사용하는 〈입장〉이라는 용어 대신 '주장, 주제, 결론' 등의 용어를 쓰기도 한다. 그리고 이 책에서 사용하는 〈주장〉이라는 용어 대신 '이유, 논거, 근거'라는 말을 혼용해서 쓰기도 한다. 또한 이 책에서 사용하는 〈근거〉라는 용어 대신 '이유'라는 말을 쓰기도 한다. 실제 현실에서는 이렇게 혼용해도 큰 문제가 없이 지나갈 수 있다.

그런데 만약 이 책에서도 그에 따른다면 독자들이 혼란을 일으킬 수 있다고 봤다. 그래서 이 책에서는 용어를 통일한다. 우선 우리가 생각하는 〈튼튼한 논리의 집〉을 다시 떠올려 보자.

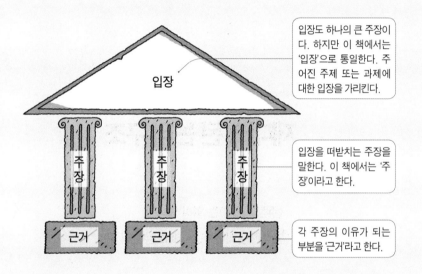

입장

입장도 하나의 큰 주장이다. 하지만 이 책에서는 '입장'으로 통일한다. 주어진 주제 또는 과제에 대한 입장을 가리킨다.

주장

주장

주장

입장을 떠받치는 주장을 말한다. 이 책에서는 '주장'이라고 한다.

근거

근거

근거

각 주장의 이유가 되는 부분을 '근거'라고 한다.

여기에서 지붕은 입장을 가리킨다. 다음으로 기둥은 입장을 지지하는 주장을 가리킨다. 마지막으로 주춧돌은 주장을 지지하는 근거를 가리킨다. 앞으로 이 책에서 인용한 원문에서 다른 용어를 사용하는 경우를 제외하고는 입장은 지붕, 주장은 기둥, 근거는 주춧돌을 가리키는 것으로 정해서 설명한다.

1장

제대로 된 논리 구조

01 〈주장 ― 근거〉는 얽혀 있다

그동안 우리는 어떤 주장을 설득력 있게 하려면 적절한 근거를 내놓아야한다고 배웠다. 이것은 말을 할 때도, 글을 쓸 때도 마찬가지다. 회의를 할때도, 토론을 할 때도, 프레젠테이션을 할 때도, 기획서를 쓸 때도, 논증문을 쓸 때도, 칼럼을 쓸 때도 마찬가지다. 그러니 사실 논리학은 우리가 살아가는 일과 떼고 싶어도 뗄 수 없다.

그런데 우리가 만나는 논리들은 단순히 〈주장 하나 ― 근거 하나〉 모델로만 이루어져 있지 않다. 오히려 현실은 〈주장 하나 ― 근거 하나〉 모델이복잡하게 얽힌 과제를 주며 우리를 시험한다.

> 어떤 주제로 토론 입안문을 작성하라.
> 이러저러한 과제로 기안서를 작성하라.
> 이런저런 주제로 프레젠테이션을 하라.

이런 때에도 그 밑바탕에는 〈주장 하나 ― 근거 하나〉가 깔렸지만, 실제는이러한 논리가 다양하고 복잡하게 얽힌 상태로 제시된다.

보기를 보자. 〈한국은 의무 교육 기간에 고등학교를 포함해야 한다〉는 주제로 열리는 디베이트에서 찬성 팀의 입장이라면 다음과 같은 논리를 짜야 한다.

입장 : 〈한국은 의무 교육 기간에 고등학교를 포함해야 한다〉에 찬성

서론:

본론: **주장 1.** _____

주장 1의 **근거** _____

주장 2. _____

주장 2의 **근거** _____

주장 3. _____

주장 3의 **근거** _____

결론:

찬성 팀이 과제를 수행하려면 〈주장 하나 − 근거 하나〉 모델만 적용해서는 안 된다. 그렇게 해서는 상대를 설득하기 힘들다. 위 표처럼 모델을 여러 개 만들어야 반대 팀의 논리에 착실하게 대응할 수 있다.

어떻게 하면 위 표를 잘 구성할 수 있을까? 이를 제대로 해낸다면 디베이트 입안문 쓰기, 논증문 쓰기, 프레젠테이션 논리 만들기, 칼럼 쓰기, 기안서 작성하기를 쉽게, 제대로 해낼 수 있을 텐데 말이다.

어렵게 생각하지 말자. 앞서 여러분이 짓고 싶은 그림을 떠올려 보면 쉽다. 지붕과 기둥과 주춧돌이 알맞게 들어선 집, 이게 기본 구조다.

그런데 기둥은 꼭 셋이어야 하는가?

아니다. 넷이라도 괜찮다. 하지만 모자라거나 넘치면 좀 문제가 생긴다. 주장을 한두 가지만 들면 논리 구조가 왜소해 보인다. 거미가 거미줄을 허술하게 만들면 벌레들이 숭숭 빠져나가 굶어 죽기 딱 좋은 것과 마찬가지다.

또한 기둥이 다섯 가지가 넘으면 무언가 산만해 보이고 집중하기 힘들다. 한 토론회에서 자신의 입장을 아홉 가지 주장을 들어 정리하는 학생을 봤다. 그 학생은 그렇게 하면 청중들이 열심히 준비했다고 칭찬해 주리라 생각했는지 모르겠다. 하지만 아쉽게도 그때 그 청중들은 끈기가 없었다. 주장이 다섯 가지가 넘어가자 눈동자가 흐려지고 엉덩이가 들썩거렸다. 그러니 욕심내지 말고 서너 가지만으로 정리하자.

이 책에서 우리는 세 가지 주장을 제시하는 것을 본보기로 한다.

그런데 실제 현실에서는 다양한 문제들이 발생한다. 다음 그림들을 보자.

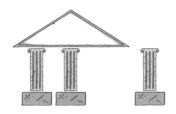

무언가 문제가 있는 집이다. 집이 균형을 잡지 못하고 바람이 불면 오른쪽으로 쓰러져 버릴 것만 같다. 논리 구조로 말하면 주장 가운데 하나가 입장과는 벗어난 경우다.

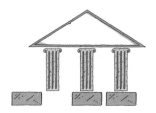

이 집은 뭔가 엉뚱하다. 무슨 일일까? 논리 구조로 말하면, 주장은 완벽한데 근거 하나가 잘못된 경우다.

이 집은 어떤가? 이 집도 불안해 보인다. 왜 그럴까? 두 번째 기둥과 세 번째 기둥의 두께가 첫 번째 기둥과 다르기 때문이다. 원래 하나의 입장을 뒷받침하는 각각의 주장은 모두 비슷한 위상의 것이라야 한다. 그런데 이 논리 구조는 서로 다른 위상의 주장이 들어 있다.

다시 한번 '제대로 된 구조'를 떠올려 보자. 우리가 추구하는 구조다.

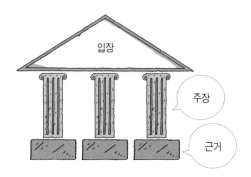

02 엉성한 논리 구조, 제대로 된 논리 구조

'코에 걸면 코걸이, 귀에 걸면 귀걸이'라는 말이 있다. 마음만 먹으면 어떻게든 구실을 댈 수 있다는 뜻이다. 대개 같은 법이라도 때에 따라 다르게 적용할 때 비웃듯 쓰는 속담이다. 아마 이렇게 엉터리로 법을 집행한 사람들도 틀림없이 논리를 들먹였을 것이다. 그러나 그런 엉터리 속임수는 시간이 흐르면 드러난다. 시간이 가 버렸으니 그들은 면피를 할 수 있을지 모르지만, 어른들 말처럼 땅이 알고 하늘이 안다.

법을 잘 아는 사람이 법을 갖고 장난을 치듯, 논리학을 좀 아는 사람이 논리학으로 장난을 친다. 그러니까 더욱더 논리를 제대로 분석할 줄 알아야 한다.

연애를 할 때도 교묘한 말솜씨로 마음을 들었다 놨다 하는 사람은 한 번쯤 의심하고 봐야 한다. 말과 행동은 전혀 다른 문제니까. 논리로 다투는 디베이트도 연애만큼 어렵다. 왜? 책이나 글이라면 따져 볼 시간이라도 있지, 디베이트는 겨우 몇 분 안에 상대방의 허점을 찾아야 하기 때문이다.

이번에서 어떻게 논리 구조를 만드는지 알아보자.

다음은 〈한국인에게는 축구가 골프보다 낫다〉라는 주제의 디베이트에서 찬성 팀 입장의 한 학생이 쓴 입안문이다. 입안문이란 토론을 하기 전에 자신의 논지를 서론·본론·결론으로 정리하는 것이다. 기획안을 쓰든, 에세이를 쓰든, 이런 식으로 틀을 잡고 써 보면 생각을 정리하는 데 도움이 된다.

• 〈한국인에게는 축구가 골프보다 낫다〉라는 주제의 찬성 팀 입안문

입장		〈한국인에게는 축구가 골프보다 낫다〉에 찬성
서론		요즘 들어 운동에 관심이 높아지고 있습니다. 그만큼 건강이 위협받고 있다는 뜻이기도 합니다. 이제는 주변에서 자전거를 타는 사람, 뛰는 사람, 체조를 하는 사람을 쉽게 찾아볼 수 있습니다. 이러한 배경에서 최근 과연 축구가 더 좋으냐, 골프가 더 좋으냐는 논란이 벌어지고 있습니다. 무엇보다 축구든 골프든 열심히 꾸준히 하는 것이 중요할 것입니다. 하지만 어떤 운동이든 꾸준히 한다는 것을 전제한다면, 저는 〈한국인에게는 축구가 골프보다 낫다〉에 찬성합니다. 그 주장과 근거는 3가지입니다.
본론	주장 1과 주장 1의 근거	첫째, 비용의 문제입니다. 축구는 준비물을 준비하는 데 큰 돈이 들지 않습니다. 축구화와 공만 있으면 됩니다. 급할 때는 그냥 운동화를 신고 해도 괜찮습니다. 또 전국의 학교 운동장을 이용한다면 저렴하게 혹은 무료로 축구를 즐길 수 있습니다. 하지만 골프는 골프장 출입 비용에, 비싼 골프채와 골프화가 있어야 합니다. 한국의 경우 서민에게 골프가 아직 그림의 떡일 수밖에 없는 근거입니다.
	주장 2와 주장 2의 근거	둘째, 다양한 변형 가능성입니다. 축구는 인원에 맞게, 그리고 공간에 맞게 다양하게 변형하여 즐길 수 있습니다. 원래 축구는 한 팀이 11명이지만, 동네 축구라든가 군대 축구에서는 얼마든지 변형이 가능합니다. 하지만 골프는 다릅니다. 어떤 분은 골프 연습장을 떠올릴 수도 있지만 그것은 그저 연습장입니다. 실제로 골프를 즐기려면 최소한 9홀 이상의 골프장이 필요합니다. 5명이 넘으면 다르게 팀을 짜야 합니다.
	주장 3과 주장 3의 근거	셋째, 재미입니다. 축구는 순식간에 공수가 바뀝니다. 역동적입니다. 그래서 재미있습니다. 하지만 골프는 4시간 이상이 걸리는 시간 동안 단조롭게 홀 안에 공을 집어넣는 경쟁입니다. 재미가 떨어집니다.
결론		일반인이 운동을 선택할 때는 가급적 저렴하고, 편하게 참가할 수 있으며, 재미있는 것을 기준으로 해야 합니다. 축구는 비용, 변형 가능성, 재미 모두를 갖춘 운동입니다. 이에 비해 골프는 비싸고, 참가할 수 있는 구조가 제한되어 있으며, 덜 재미있습니다. 이상과 같은 근거로 저는 〈한국인에게는 축구가 골프보다 낫다〉에 찬성합니다.

이제 이 디베이트 입안문을 우리가 만든 집에 넣어 보자.

먼저 지붕은 주제에 대한 입장이다. 그러니까 〈한국인에게는 축구가 골프보다 낫다〉에 '찬성한다'가 된다. 찬성 팀은 그 입장을 지지하는 주장으로 세 가지를 들고 있다. 첫째는 비용이 저렴하다는 점, 둘째는 다양하게 변형이 가능하다는 점, 셋째는 더욱 재미있다는 점이다. 이들 주장은 집을 버티는 기둥이다. 기둥을 뒷받침하는 주춧돌인 근거도 모두 셋이다. 저렴한 축구화와 공, 동네 축구 또는 군대 축구와 같은 다양한 변형, 짧은 시간 사이의 공수 교대. 이제 이것들을 집 안에 채워 넣기만 하면 끝이다.

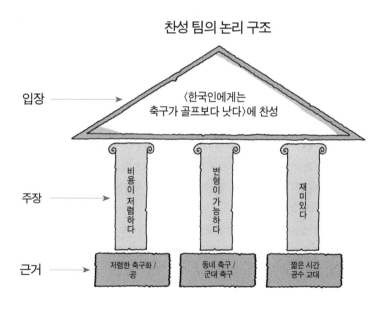

찬성 팀의 논리 구조

입장 → 〈한국인에게는 축구가 골프보다 낫다〉에 찬성

주장 → 비용이 저렴하다 / 변형이 가능하다 / 재미있다

근거 → 저렴한 축구화 / 공 / 동네 축구 / 군대 축구 / 짧은 시간 공수 교대

결국 제대로 된 집이라면 주제에 대한 입장(=지붕)을 든든한 주장(=기둥)이 버티고 있어야 하고, 그 주장(=기둥)들을 적절한 근거(=주춧돌)가 뒷받침해야 한다.

언젠가 디베이트 코치 양성 과정에서 〈공동주택에서 반려동물 사육을 금지해야 한다〉는 주제로 실습을 했다. 여기에서 좋은 입안문이 하나 나왔다. 반대 팀 입안문이다. 입안문 안에 있는 번호는 원래 없는 것이지만, 뒤에서 글의 구조를 설명하려고 편의상 넣었다.

- 〈공동주택에서 반려동물 사육을 금지해야 한다〉라는 주제의 반대 팀 입안문

입장		〈공동주택에서 반려동물 사육을 금지해야 한다〉에 반대
서론		(1) 저는 5년 동안 반려동물을 길러 본 적이 있습니다. 그 기간 동안 우리 가족은 그 반려동물과 무척 행복하게 지냈습니다. 아직도 그때의 즐거운 추억들이 떠오릅니다. 그런데 만약 이런 행복을 주는 반려동물을 공동주택이라 하여 모두 금지한다면 생활의 중요한 행복 하나가 사라져 버릴 것 같습니다.
		(2) 오늘 주제에서 공동주택이란 두 가구 이상이 벽을 맞대고 사는 주택을 말합니다. 반려동물이란 사람들이 좋아서 기르는 동물을 가리킵니다. 통계청이 발표한 '2021년 인구주택총조사 결과'에 따르면 전체 주택 중 공동주택이 차지하는 비율이 78.3퍼센트에 이르고 전체 일반 가구 중 공동주택에 거주하는 가구가 63.3퍼센트를 차지합니다. 과반이 훨씬 넘는 사람들이 공동주택에 산다고 할 수 있습니다.
		(3) 오늘의 주제는 우리 모두의 문제라는 뜻입니다. 따라서 〈공동주택에서 반려동물 사육을 금지해야 한다〉는 오늘의 주제는 우리 사회에서 아주 중요한 결정과 관련된 일이라고 봅니다.
		(4) 저희 팀은 〈공동주택에서 반려동물 사육을 금지해야 한다〉는 주제에 반대합니다. 저희 팀의 기본 입장은 〈반려동물 사육은 개인의 책임 문제이지, 전면 금지해야 할 문제가 아니다〉라는 것입니다.
		(5) 저희는 그 반대 입장의 주장과 근거를 세 가지, 즉 반려동물 사육으로 얻는 이익, 방법론적 비현실성, 문제의 본질과 처방이라는 차원에서 말씀드리겠습니다.
본론	주장 1과 주장 1의 근거	① 첫째, 반려동물 사육으로 얻는 이익. ② 반려동물 사육으로 얻을 수 있는 이익이 아주 큽니다. 더욱이 핵가족화, 1인 가구화가 진행되는 과정에서 사람들은 마음을 기댈 곳을 잃고 있습니다. 이때 반려동물은 사람들의 삶에 긍정적 이익을 줍니다. ③ 독일의 한 전문가는 우울증이 있는 사람이 반려동물과 같이 살 때 그렇지 않은 때보다 회복이 빠름을 증명했습니다. 우울증뿐만이 아닙니다. 일상생활에서도 반려동물은 자연과의 친화, 외로움 극복, 기쁨의 원천이 되는 행복감을 제공해 줍니다.

본론	주장 2와 주장 2의 근거	① 둘째, 방법론적 비현실성. ② 반려동물 사육을 금지한다고 해서 이를 실제로 실현하기에는 무리가 따릅니다. ③ 한 통계에 따르면 우리나라 가구 중 25.7퍼센트인 552만 가구에서 반려동물을 기르고 있다고 합니다. 만약 이를 금지하면 그 반려동물을 기르는 사람들의 행복은 어떻게 합니까? 또 금지 조치 때문에 쫓겨나야 할 반려동물은 어디로 가야 할까요? 만약 금지 조치를 집행한다면 우리는 많은 사람의 행복을 빼앗고 수많은 반려동물의 생명을 위협하게 됩니다. 지금 반려동물이 주는 피해가 이런 결정을 내려야 할 만큼 크지는 않다고 봅니다. 이는 소탐대실입니다.
	주장 3과 주장 3의 근거	① 셋째, 문제의 본질과 처방. ② 이 문제의 본질은 공동생활에서 지켜야 할 개인의 책임이라는 것입니다. 반려동물 사육 자체가 공동 주택에 거주하는 모든 사람의 행복추구권을 위협하는 근본 문제는 아니라는 뜻입니다. 피해 사례는 일부에 불과합니다. 그렇다면 그 해법은 전면 금지보다는 반려동물을 기르는 개인의 책임으로 돌리는 것이 맞습니다. ③ 이미 우리 사회는 다른 사람에게 피해를 줄 때 해결할 수 있는 구제 법률을 마련해 두었고, 반려동물로 생기는 피해 역시 그 해당 사항이라는 점을 말씀 드리고 싶습니다.
결론		**지금까지 저희 팀은 〈공동주택에서 반려동물 사육을 금지해야 한다〉는 주제에 대해 반대하며, 그 주장과 근거를 3가지, 그러니까 반려동물 사육으로 인한 이익, 방법론적 비현실성, 문제의 본질과 처방이라는 차원에서 말씀드렸습니다. 다시 한 번 저희 팀의 기본 입장을 말씀드리면 〈반려동물 사육은 개인의 책임 문제이지, 전면 금지해야 할 문제가 아니다〉는 것입니다. 경청해 주셔서 감사합니다.**

이 디베이트 입안문이 제대로 된 논리 구조를 갖추었는지 어떻게 알 수 있을까? 다음 몇 가지를 살펴보면 이 입안문이 논리 구조를 제대로 갖추었는지 알 수 있다.

첫째, 입안문은 말로 쓰는 에세이라고 했다. 정확히 그 구조대로 이 입안문은 〈서론 ― 본론 ― 결론〉의 구조를 갖췄다.

둘째, 서론에서 요구되는 (1) 유인 요소, (2) 용어 정의, (3) 주제 해석, (4) 입장 천명, (5) 주장 예고가 자연스럽게 잘 이뤄졌다. 토론자들은 대개 용어 정의나 주제 해석, 입장 천명은 서론 안에 잘 채워 넣지만, 유인 요소와 주장 예고는 쉽게 빼먹는다.

유인 요소는 청중의 눈과 귀를 끌어들여 자기 발언을 경청할 수 있게 하는 내용이다. 이 입안문에서는 '저는 5년 동안 ~ 사라져 버릴 것 같습니다.'와 같이 반려동물을 길러 본 경험을 이야기함으로써 자연스럽게 청중의 관심을 끌었다.

주장 예고도 잘 담아 냈다. '저희는 그 반대 입장의 주장과 근거를 ~ 차원에서 말씀 드리겠습니다.'와 같이 팀이 주장하는 세 가지 주장과 근거를 핵심어 중심으로 예고해 주면 청중은 본론에 들어서도 쉽게 팀의 주장을 머릿속에 새길 수 있다.

셋째, 본론에서 각각의 주장이 ① 핵심어 ② 주장 ③ 근거의 순서로 잘 정리되어 있다. 특히 핵심어를 분명히 했다. 핵심어를 분명히 하면 청중은 그다음 주장을 쉽게 이해할 수 있다. 근거도 잘 밝혔다. 하지만 '한 통계', '한 전문가'가 아니라 명확한 출처, '구제 법률'이 아니라 명확한 법률명을 밝혔다면 주장에 훨씬 큰 힘이 실렸을 것이다.

넷째, 흔히 이런 주제를 대하는 초보자들은 반려동물을 기를 때 생기는 이익에 집중하기 쉬운데, 이 입안자는 방법론적 비현실성, 문제의 본질과 처방이라는 차원에서 논리를 전개하고 있다. 입안자의 사고가 넓고 깊다는 뜻이다.

다섯째, 결론을 깔끔하게 마무리했다. 흔히 결론을 대충 마무리할 때가 많은데, 여기서는 '저희 팀의 기본 입장'이라는 내용으로 결론도 분명히 밝혔다.

이제 이 디베이트 입안문을 우리가 만든 집에 넣어 보자.

먼저 지붕은 주제에 대한 입장이라 했다. 〈공동주택에서 반려동물 사육을 금지해야 한다〉에 '반대한다'가 이 팀의 입장이다. 반대 팀은 집의 기둥에 해당하는 주장의 핵심어로 첫째, 반려동물 사육으로 얻는 이익, 둘째, 방법론적 비현실성, 셋째, 문제의 본질과 처방 같은 세 가지를 들었다. 이제 주춧돌인 근거와 함께 집을 지어 보자.

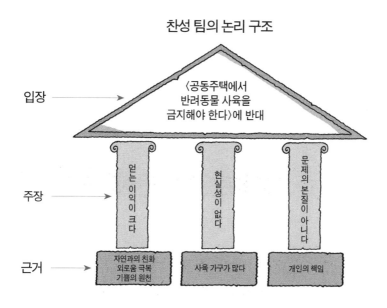

우리의 목표는 이런 집을 갖는 것이다. 디베이트의 입안문이든, 논증문이든, 프리젠테이션이든, 기안서든, 칼럼이든. 문제는 현장에서는 이런 모양새가 자주 뒤틀리게 나타난다는 것이다.

2장

제대로 된 주제 해석

01 주제를 정확히 해석하라

기억하는가?

우리는 첫째 마당의 2장에서 제대로 된 근거를 제시하는 것도 중요하지만, 주장 자체를 명료하게 해야 한다고 설명했다. 주장이 모호하면 아무리 근거가 뚜렷해도 비가 오면 비가 새고, 눈이 오면 추워서 벌벌 떠는 집에서 사는 꼴이다.

'주제를 정확히 해석하라'는 말도 이와 비슷한 말이다. 논리를 분석할 때는 먼저 주어진 주제가 무엇을 뜻하는지 깊이 있게 분석해야 한다.

쉬운 〈보기〉를 들어 시작하자. 다음 주제들은 서로 비슷해 보인다. 하지만 자세히 살펴보면 문제 의식이 다르다. 어떻게 다를까?

> **보기 1**
>
> (1) 남극 개발은 필요하다.
>
> (2) 남극 개발은 정당하다.

〈보기 1〉의 주제들은 서술어가 다르다. (1)은 '필요하다'이고, (2)는 '정당하다'이다. 그러니까 주제 (1)은 남극 개발의 필요성 여부를 다루고, 주제 (2)는 남극 개발의 정당성을 다룬다. 필요성과 정당성은 다른 문제다. 필요성은 필요한지 안 필요한지를 가리는 일이고, 정당성은 옳고 그름을 가리는 일이다. 만약 이를 구별하지 않고 논리는 전개한다면 그 논리는 엉뚱한 방향으로 흐를 수 있다. 좀 더 자세한 내용은 3장에서 살펴본다.

좀 더 헷갈리는 〈보기〉를 살펴보자. 다음은 두 가지 모두 안락사 문제를 다루고 있지만 자세히 살펴보면 조금 다르다. 어떻게 다를까?

보기 2

    (1) 안락사는 정당하다.

    (2) 한국은 안락사를 허용해야 한다.

〈보기 2〉는 〈보기 1〉의 주제들과는 뭔가 조금 다르다. 〈보기 1〉의 주제들은 서술어만 다르지만, 〈보기 2〉의 주제들은 주어와 서술어가 모두 다르다. (1)의 주어는 '안락사'이고, (2)의 주어는 '한국'이다. 두 주제 모두 안락사라는 말이 핵심어이기는 하지만, 우선 주어가 다르다.

이제 서술어를 보자. (1)은 '정당하다'이다. 안락사의 정당성 여부를 다루고 있다. (2)는 '허용해야 한다'이다. 주어와 술어를 엮어 보면 (2)는 한국에서 안락사를 허용할지, 허용하지 않아야 할지를 다루는 주제다.

어떤가? 주제의 종류별로 구별하자면 (1)은 가치 주제이고, (2)는 정책 주제이다. 따라서 논리 구조를 만들 때는 접근 방법이 달라야 한다. 이를 구별하지 않으면 엉뚱한 논리를 펼 수밖에 없다.

또 다른 〈보기〉를 살펴보자.

보기 3

    (1) 2024년 신소재 부문의 새로운 마케팅 계획을 작성하라.

    (2) 2024년 신소재 부문의 마케팅 팀을 새로 구성해야 한다.

〈보기 3〉의 주제는 서로 어떻게 다를까? (1), (2) 모두 2024년의 과제로 신소재 부문의 마케팅을 다루고 있다. 그런데 자세히 살펴보면 뭔가 조금 다르다. 쉽게 알아볼 수 있게 말을 조금 바꾸어 보자.

> (1) 2024년 신소재 부문의 마케팅 계획을 새로 작성해야 한다.
> (2) 2024년 신소재 부문의 마케팅 팀을 새로 구성해야 한다.

이제 조금 쉬워졌다. (1)과 (2)는 오로지 '마케팅 계획'이냐, '마케팅 팀'이냐의 차이일 뿐이다. 주제 (1)은 마케팅 계획을 작성하는 일이다. 그렇다면 과제는 2024년 신소재 부문 마케팅 계획을 세우는 것이다. 주제 (2)는 마케팅 팀을 새로 구성하는 문제다. 그렇다면 논리는 마케팅 팀을 왜, 어떻게 구성해야 하는지에 초점을 두어야 한다. 만약 (2)의 주제에서 마케팅 계획이 필요하다, 안 필요하다로 논리를 전개하면 남의 다리만 긁는 꼴이 되고 만다.

마지막 〈보기〉를 살펴보자.

┌─ 보기 4 ─────────────────────────────
│ (1) 영어 과목이 수학 과목보다 중요하다.
│
│ (2) 영어가 수학보다 중요하다.
└──────────────────────────────────────

〈보기 4〉의 주제를 살펴보자. 무엇이 다른가?

주제 (1)은 주제 (2)와는 달리 과목이라는 말이 붙었다. 그게 뭐 어쨌다고? 잘 생각해 보라. '과목'이라는 말을 자주 쓰는 곳은 어디일까? 바로 학교다.

그러니까 (1)은 학교라는 범주를 감안한 것이다. 이때는 학교에서 영어 과목이 수학 과목보다 중요하다는 논리를 전개해야 한다. (2)는 일반적인 의미다. 사회생활까지 포함한 일반적인 의미에서 영어가 수학보다 중요하다는 논리를 전개해야 한다.

쌍둥이 형제를 만나면 많은 사람들이 꼭 궁금해하는 것이 있다. 바로 '같은 것을 볼 때 생각이 같을까?' 또는 '성격이 같을까?'이다. 어떨까? 아마 비슷한 구석이 있겠지만 다른 쌍둥이가 훨씬 많다. 겉모습이 비슷하니까 속도 비슷할 거라는 편견에서 온 궁금증이다.

이처럼 아무리 비슷한 주제라도 논리에서는 아주 꼼꼼하게 해석해야 한다. 과장하거나 축소하거나 왜곡하면 안 된다. 그러면 엉뚱한 답이 나온다. 어떤 주제가 주어졌을 때 과연 이 주제는 무엇을 문제 삼고 있는지 정확히 해석하고 논리를 준비해야 한다. 그 어떤 논리를 분석할 때도 마찬가지다. 우선 그 논리가 대상으로 하고 있는 주제가 정확히 어떤 문제인지 해석하고, 이어 논리를 검토해야 한다.

제대로 된 주제 해석이
논리적인 사고의 첫걸음

이제 실제 사례를 볼 차례다. 아무리 주제를 바로 해석하라고 말해도, 현실에서는 주제를 잘못 해석하여 엉뚱한 답을 내놓는 일이 참 많다. 다음은 〈한국의 초·중·고에 디베이트를 정규 교과화해야 한다〉는 주제에 대한 찬성 팀 디베이트 입안문이다.

입장	〈한국의 초·중·고에 디베이트를 정규 교과화해야 한다〉에 찬성
서론	안녕하십니까? 저는 〈한국의 초·중·고에 디베이트를 정규 교과화해야 한다〉는 주제의 찬성 팀을 맡은 OOO입니다. 최근 세계는 글로벌화되고 있습니다. 이런 글로벌 시대에 최고 경쟁력은 우수한 인재를 양성하는 데 있습니다. 그런데 한국은 주입식·암기식 교육의 폐단으로 학생들이 수업 참여를 힘들어하고, 창의적이지 못하며, 공부의 효율이 낮습니다. 이럴 때 주입식·암기식 공부의 단점을 극복하며 비판적 사고 능력을 키우는 데는 단연 디베이트가 최고입니다. 디베이트는 토론 교육 중 가장 효과가 높은 토론 방법이기 때문입니다. 저희 팀은 〈한국의 초·중·고에 디베이트를 정규 교과화해야 한다〉에 찬성하며 다음과 같은 주장과 근거를 제시합니다.
본론	주장 1과 주장 1의 근거	첫째, 디베이트의 효과는 언어 교육의 4대 영역을 포괄합니다. 디베이트 프로그램의 교육적 효과로는 리서치 훈련, 비판적 읽기 훈련, 말하기 훈련, 비판적 듣기, 글쓰기 훈련 효과가 있습니다. 흔히 언어 교육의 4대 영역으로 말하기, 듣기, 읽기, 쓰기를 꼽는데, 디베이트는 이 모든 영역을 하나의 프로그램으로 공부합니다. 지금까지 한국에서는 이런 언어 영역을 공부하기 위해 자기 주도 학습 캠프나 독해 학원, 스피치 학원, 논술 학원 식으로 분류를 해서 돈은 돈대로 들고, 시간은 시간대로 빼앗기며, 학생들은 더 힘들고, 효율은 더 떨어지는 악순환을 거듭해 왔습니다.

본론	주장 2와 주장 2의 근거	둘째, 디베이트에는 또 다른 파생 효과가 있습니다. 인터뷰 훈련 효과, 리더십 훈련 효과, 인성 훈련 효과, 시민의식 교육 효과, 철학 교육 효과 등이 그것입니다. 저는 특히 철학 교육 효과를 강조하고 싶습니다. 디베이트를 준비하는 과정에서 학생들은 그 근거에 있는 가치 충돌에 주목하게 되고 그 결과로 인권, 사회 정의, 경제 민주화, 경제활동의 자유 같은 어려운 개념들을 자유자재로 구사하게 됩니다. 그 결과 사고가 깊어지고 성인보다 뛰어난 성숙함을 보여 줍니다.
	주장 3과 주장 3의 근거	셋째, 최근의 교육 트렌드에 정확히 봉사할 수 있습니다. 지금 한국 교육은 전인 교육, 창의성 교육을 강조하고 있습니다. 입학사정관제, 수능, 논술형 서술형 시험, 토론 교육의 도입은 그 맥락을 같이하는 것입니다. 이런 변화에 대비하는 방법으로 디베이트가 가장 효과적입니다. 디베이트를 꾸준히 할 때 나타나는 성과는 바로 최근 한국 교육의 변화가 추구하는 가치를 정확히 구현합니다.
결론		한국의 교육열은 세계 최고라고 합니다. 또 한국인은 세계 최고의 IQ를 지닌 민족이라고 합니다. 대단한 잠재력을 지닌 나라라는 것입니다. 이때 학생 스스로 어릴 때부터 문제 해결력과 사물을 여러 각도에서 관찰하고 현상을 입체적으로 사고하는 능력이 생긴다면 개인적으로도 지금보다 훨씬 더 행복하고 원만한 일생을 누리게 될 것입니다. 나아가 글로벌 시대에 맞는 더욱 적극적이고 논리적인 인재로 재탄생할 수 있을 것이라 확신합니다. 초·중·고에 디베이트를 정규 교과화하면 이것이 가능해집니다. 경청해 주셔서 감사합니다.

혹시 어떤 문제를 찾았는지 모르겠다. 읽는 내내 아무 문제 없는 훌륭한 글이라고 느낀 사람은 주제를 바로 해석하지 못한 사람이다. 글만 보면 아무 문제가 없다. 하지만 이 글은 뚜렷한 주제가 정확히 해석되고 있지 않다.

(1) 한국의 초·중·고에 디베이트를 정규 교과화해야 한다.
(2) 한국의 초·중·고에 디베이트를 도입해야 한다.

우리는 (1)의 주제를 살피고 있다. 조금 헷갈릴 수 있지만 틀림없이 (1)은

(2)와는 다르다. (2)는 디베이트 도입의 필요성과 디베이트를 통한 교육 효과를 강조하면 되지만, (1)은 그 도입의 구체적인 모습이 '정규 교과화'해야 하는 것이다. 디베이트를 초·중·고에 도입해야 한다는 주제와 그 구체적인 형태가 정규 교과화라는 것은 전혀 다른 문제이기 때문이다.

그런 면에서 앞의 글은 〈한국의 초·중·고에 디베이트를 도입해야 한다〉라는 주제에 더 잘 어울린다. 그러니까 〈한국의 초·중·고에 디베이트를 정규 교과화해야 한다〉를 주제를 대충 〈한국의 초·중·고에 디베이트를 도입해야 한다〉는 주제로 엉뚱하게 이해하고 논리를 펼쳤다. 그러니 초점이 달라진 논리가 되어 버렸다.

아직도 잘 모르겠다는 독자들이 있을 것이다. '도입해야 한다'는 말이나 '정규 교과화해야 한다'는 말이나 그게 그거 아니냐고 말하는 독자도 있을 것이다. 그래서 같은 주제의 반대 팀 입장의 입안문을 실었다. 반대 팀은 어떻게 자기 논리를 펴는지 살펴보자.

입장	〈한국의 초·중·고에 디베이트를 정규 교과화해야 한다〉에 반대
서론	안녕하십니까? 저는 〈한국의 초·중·고에 디베이트를 정규 교과화해야 한다〉는 주제의 반대 팀을 맡은 OOO입니다. 21세기에 요구되는 핵심 역량은 창의성, 인성, 협업 능력 등입니다. 이에 따라 앞으로의 교육은 새로운 변화를 요구받고 있습니다. 이러한 관점에서 볼 때 교육 패러다임이 바뀌어야 함은 자명한 일입니다. 대안은 토론 교육입니다. 그중에서 디베이트 교육이 그 대안으로 한국 교육에서 크게 환영받고 있습니다. 이에 따라 초·중·고에서 디베이트를 정규 교과화해야 한다는 의견이 높아지고 있습니다. 하지만 이는 현실적으로 어려운 일입니다. 저희 팀은 다음과 같은 3가지 주장과 근거를 들어 〈한국의 초·중·고에 디베이트를 정규 교과화해야 한다〉는 주제에 반대합니다.

본론	주장 1과 주장 1의 근거	첫째, 교과목을 지도할 만한 전문 교사가 부족합니다. 디베이트 교육은 단기간에 전문 강사를 양성하여 교육 현장에 투입하기는 매우 어렵습니다. 전국에 있는 1만 개가 넘는 초·중·고에 디베이트 교육 교사를 배치하려면 양성 기관을 신설하거나, 사범대 및 교육대학교에 디베이트과나 과목을 신설해야 합니다. 하지만 이것은 현실적으로 어려움이 많습니다. 그렇다고 몇 시간의 직무연수 등을 거친 교사를 디베이트 과목 교사로 배치하는 것은 형식적이고 비효율적인 교육이 될 우려가 큽니다.
	주장 2와 주장 2의 근거	둘째, 교육 과정 운영 시간에 따른 제약이 큽니다. 새로운 교과목을 신설하면 교육 과정 개정의 취지에도 어긋날 뿐 아니라 학생들의 학습 부담이 늘어날 수 있습니다. 또한 학생들의 학습 부담을 줄이기 위해서는 다른 교과의 수업 시수를 줄여야 합니다. 현행 교육 과정에는 예체능 교과나 창의적 재량 활동 시간 수를 더욱 확대하여 운영하는 추세입니다. 따라서 정규 교과화하는 것보다 다른 교과 활동 시간이나 창의적 재량 활동 시간을 통해서 학생들이 자연스럽게 디베이트 교육 프로그램을 습득할 수 있도록 해야 할 것입니다.
	주장 3과 주장 3의 근거	셋째, 현 입시 제도하에서 디베이트를 정규 교과화하기에는 현실적인 제약이 많이 따릅니다. 대학 입시는 크게 내신 성적과 수능 성적 그리고 논술 시험으로 짜여져 있습니다. 디베이트가 논술 시험에서는 좋은 결과를 얻을 것으로 생각되나, 객관식 위주의 교내 학업 성취도 평가나 수능 시험에서는 단순 암기 위주의 지식 습득보다 좋은 결과를 얻을 것이라는 확신이 없습니다. 결국 많은 학교에서는 현행 교육 과정 운영을 우선시할 것이 분명합니다. 디베이트의 정규 교과화에 앞서 우리나라의 입시제도 개선이 우선되어야 할 것입니다.
결론		**교육 현장에서는 단순 지식 암기 위주의 주입식 교육에 대한 문제점을 제기하고 있습니다. 집어넣어 주는 교육에서 끄집어내는 교육이 필요함을 역설하고 있습니다. 그 대안으로 디베이트가 필요합니다. 하지만 우리나라 교육 여건상 정규 교과화하기는 매우 어렵다고 봅니다. 디베이트를 가르칠 만한 전문 강사도 부족하고 교육 과정 운영에 많은 시간과 예산이 있어야 할 뿐 아니라, 현 입시 제도에서는 현실적으로 어렵습니다. 따라서 저희 팀은 이보다는 다른 교육 과정과 연계하여 지도하거나 방과 후 활동 시간 등을 활용하는 것이 현실적으로 효과가 있으리라 생각합니다. 경청해 주셔서 감사합니다.**

찬성 팀 입안문과 반대 팀 입안문을 모두 살펴보았다. 어떻게 다른가?

찬성 팀이 디베이트의 장점만을 늘어놓았다면, 반대 팀은 당연히 디베이트에는 장점이 많지만 정규 교과화하기에는 제약이 많다는 논리를 펴고 있다. 주제에 충실한 것이다.

만약 여러분이 찬성 팀이라고 치고 반대 팀 논리에 반론을 제기하라고 한다면 어떤 논리로 반론을 전개하겠는가? 저런 입안문대로 논리를 풀어 간다면 아마도 반대 팀 논리에 입도 뻥긋 못하고 말 것이다.

찬성 팀은 디베이트의 장점은 물론 정규 교과화의 장점, 정규 교과화의 방법까지 생각해 논리를 전개했어야 한다. 주제가 디베이트는 좋은가 나쁜가를 논하는 일이 아니라 '정규 교과화가 바람직한가'를 논하는 일이기 때문이다.

예상해 보건대, 찬성 팀은 주제 해석도 너무 쉽게 했을 뿐 아니라 반대 팀이 들고 나올 반론도 예상하지 못했을 것이다. 그렇지 않고서야 어찌 반대 팀도 익히 알고 있을 디베이트의 장점만 줄줄이 나열했겠는가?

이처럼 논리학에서는 주제를 정확히 해석하는 일이 무척 중요하다. 주제를 제대로 해석해야 정확한 답이 나오기 때문이다. 콩 심은 데 콩 나고, 팥 심은 데 팥 난다. 주제를 엉뚱하게 해석하면 그 답 또한 엉뚱하게 나온다. 따라서 모든 논리 분석의 출발은 주제를 정확히 해석하는 일이다. 주제를 정확히 해석하고 나서 이어지는 논리가 과연 그 주제에 충실한가를 살펴야 한다.

3장

논리의 분석,
직접 실습해 보자

3장에서는 실제 현장의 논리를 분석한다. 그런데 잠깐! 실제 논리 분석을 실습하기에 앞서, 먼저 상대의 논리에 어떻게 반박을 해야 하는지 알아보자. 토론 현장의 논리에는 상대방에 대한 반박도 포함되어 있기 때문이다.

반박은 곧 상대의 잘못된 부분을 찾아내는 일이므로, 반박을 제대로 할 수 있다면 논리를 분석하는 일은 그다지 어려운 일이 아니다.

생물학적으로 여러분의 귀는 문제가 없다. 그래서 영화도 보고 음악도 듣는다. 그런데 이 귀가 회의나 토론 자리에만 가면 먹통이 된다. 갑자기 상대의 말이 들리지 않는다. 정확히 말하면 '잘 알아들었다'고 생각했는데 되돌려 생각해 보면 무슨 말을 했는지 정리가 안 된다. 그러니까 당연히 반박을 하고 싶어도 할 수 없게 된다.

그렇다면 반박을 잘하려면 어떻게 해야 할까?

반박은 다음 두 가지가 가능해야 쉽게 할 수 있다. 하나는, 상대방 말을 잘 알아듣는 일이다. 또 하나는, 그 말에 어떤 논리적 오류나 모순이 있는지를 생각해 내는 일이다. 말하자면 '비판적 듣기'가 가능해야 한다.

이 비판적 듣기는 하루아침에 할 수 있는 일이 아니다. 조금씩 조금씩 쌓이고 쌓여야 시간이 지나 귀가 확 트인다. 토론 자리에서 남의 말을 들으면 하얗게 변하던 머릿속이 시간이 지나면서 윤곽이 잡히고, 나중에는 아주 작은 부분까지 보인다.

어느 정도 비판적 듣기를 할 수 있다고 치자. 그러니까 이제 여러분은 상대의 말에 반박을 할 수 있는 수준에 이르렀다. 그러나 반박의 수준에도 단계가 있다.

디베이트 단계에 따른 반박의 깊이

출발 단계. 이때는 한국말로 이야기를 하는데도 상대방 말이 들리지 않는다. 무언가 알아들었다고 생각했는데 다시 생각해 보면 떠오르는 게 없다.

초보 단계. 이때는 겨우 조금씩 윤곽이 잡힌다. 하지만 자세한 것은 잡히지 않는다. 겨우 집의 지붕(=지붕)과 기둥(=주장)만 보인다. 즉 주제에 대한 상대방의 입장과 주장만 들린다. 이때 반박의 내용은 그 기둥(=주장)의 사실 여부에 집중된다.

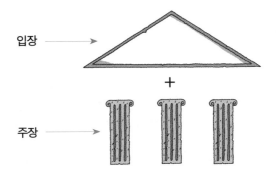

예를 들어보자. 〈외계인은 존재한다〉는 주제에 대한 찬성 입장에서, 〈지구와 비슷한 조건의 행성이 우주에 존재한다〉는 것을 주장으로 내세웠다고 하자. 그럼 초보 단계에서는 〈지구와 비슷한 조건의 행성이 우주에 존

재한다〉는 것이 사실인지 아닌지만 따진다. 나머지는 아직 안 들린다.

중급 단계. 이때는 자세한 것도 보인다. 즉 주춧돌(=근거)까지 들린다. 이 때 반박의 내용은 기둥(=주장)의 사실 여부와 주춧돌(=근거)의 사실 여부가 된다. 상대방이 제시한 주장과 근거가 사실인지를 확인하려고 노력한다.

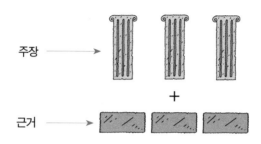

예를 들어보자. 〈외계인은 존재한다〉는 주제에 대한 찬성 입장에서, 〈지구와 비슷한 조건의 행성이 우주에 존재한다〉는 것을 주장으로 내세우고, 이에 대한 근거로 〈미국 우주항공국의 발표〉를 '인용'했다고 하자. 그럼 중급 단계에서는 〈지구와 비슷한 조건의 행성이 우주에 존재한다〉는 것이 사실인지, 〈미국 우주항공국의 발표〉가 사실인지를 따진다. 아직은 여기까지다.

고급 단계. 이때는 숨겨진 논리 구조까지 보인다. 드디어 비판적 듣기가 완성된다. 겉으로 드러난 기둥(=주장)의 사실 여부, 주춧돌(=근거)의 사실 여부는 물론, (1) 겉으로는 드러나지 않는 입장과 주장과의 관계, (2) 주장과 근거와의 관계까지 따진다.

예를 들어보자. 〈외계인은 존재한다〉는 주제에 대한 찬성 입장에서, 〈지

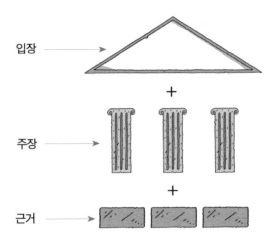

입장 ⟶

주장 ⟶

근거 ⟶

구와 비슷한 조건의 행성이 우주에 존재한다〉는 것을 주장으로 내세우고, 이에 대한 근거로 〈미국 우주항공국의 발표〉를 인용했다고 하자. 그럼 고급 단계에서는 〈지구와 비슷한 조건의 행성이 우주에 존재한다〉는 것이 사실인지와 〈미국 우주항공국의 발표〉가 사실인지를 따지는 것은 물론, (1) 〈지구와 비슷한 조건의 행성이 우주에 존재한다〉는 주장이 〈외계인은 존재한다〉는 주제에 대한 찬성 입장을 실제로 뒷받침해 주는지, (2) 〈미국 우주항공국의 발표〉라는 근거가 〈지구와 비슷한 조건의 행성이 우주에 존재한다〉는 주장을 뒷받침해 주는지도 고려한다.

여기까지 들린다면 이제 비판적 듣기는 완성된 셈이다.

주제 01 원자력 발전을 중단해야 한다

이제 토론 현장에서 실제로 진행된 입안문을 분석해 본다. 먼저 〈원자력 발전을 중단해야 한다〉는 주제로 열린 디베이트의 반대 팀 입안문이다. 이 참가자들은 디베이트 초보자인데, 그래서인지 서론 — 본론 — 결론 부분의 구성이 아직 미흡하다. 나아가 주장의 근거를 제시하는 데 개인적인 설명을 위주로 했다. 어느 부분이 그러한지 살펴보며 원문을 한 단락씩 검토해 보자.

반대 팀 입안문

〈원자력 발전을 중단해야 한다〉의 반대 팀 입안문입니다.

먼저 용어를 정리하겠습니다. 원자력 발전이란 핵분열을 이용하여 막대한 열을 발생시키고, 그 열로 물을 증발시켜 터빈을 돌리는 것을 말합니다.

배경 설명을 하겠습니다. 1986년 4월 26일 체르노빌 원자력 발전소 폭발 사고가 있었습니다. 또 하나는 2011년 3월 12일 후쿠시마 원자력 발전소의 폭발입니다. 이 두 개의 사건 때문에 사람들이 원전에 대한 안 좋은 인식을 갖고 있는 것으로 알고 있습니다.

반대 팀 입장 입안문의 서론 부분이다. 내용을 보면 크게 용어 정의와 주제 배경 설명이 서론을 차지한다. 척 보기에도 뭔가 허전하다. 서론에는 (1) 유인 요소, (2) 주제 배경, (3) 용어 정의, (4) 주제 해석, (5) 입장 천명, (6) 핵심어 예고 같은 내용을 담아야 한다고 했다. 무엇이 빠졌을까?

> (1) 사람을 끌어들이는 요소, 즉 유인 요소가 없어서 딱딱하다.
> (2) 주제 해석에 필요한 배경 설명도 좀 더 내용을 보강했으면 좋았을 것이다. 지금 이 상태로는 무엇을 반대하겠다는 말인지 감을 잡을 수가 없다.
> (3) 주제를 바라보는 입장, 즉 구체적 입장 천명과 핵심어 예고 가 없다.

이제 본론은 어떤지 살펴보자.

> 첫 번째 주장을 하겠습니다. 일단 원자력 발전을 대체할 에너지가 없습니다.
> 재생 가능한 에너지가 아직 덜 만들어졌기 때문에 지금 중지하면 전력을 수월하게 공급할 수 없습니다. 그리고 원자력 발전은 우리나라 전기 수급량의 30%를 차지합니다. 이렇게 원자력 발전을 중단하면 전기료가 급등할 것입니다. 그리고 통계상으로도 30년 동안 우리나라의 물가는 250% 올랐지만, 전기 요금은 30%만 올랐다는 통계가 있습니다.

본론의 첫 번째 주장과 근거이다. 이 안에는 (1) 핵심어, (2) 주장, (3) 근거와 같은 요소들이 잘 스며야 한다고 했다. 이 주장과 근거는 어떤가?

(1) 주장의 핵심어를 〈대체 에너지의 부재〉로 하여 글의 첫머리에 제시했다면, 좀 더 명확한 의사전달이 가능할 것 같다.

(2) 근거로 제시한 것은 재생 가능한 에너지의 미완성과 전기 요금 상승, 두 가지다. 이중 재생 가능한 에너지가 아직 덜 만들어졌다고 말하고 있는데, 개인적인 설명에 그치고 있는 것이 문제. 구체적인 통계나 전문가 의견 등 신뢰도가 높은 근거를 제시했으면 좀 더 설득력이 있을 것이다.

(3) 근거로 제시한 전기 요금에 대한 문제는 뒤의 세 번째 경제성에 대한 주장의 근거로 제시하는 것이 더 알맞을 것 같다. 통계 자료는 출처를 제시하는 것이 좋다. 그리고 물가 대비 전기 요금 상승 비율이 낮은 근거가 원자력 발전 때문이라는 근거 자료가 추가로 제시되어야 할 것이다.

이들은 모두 초보 디베이터들이 흔히 범하는 실수다. 아직은 자기 자신의 주장과 근거를 명확히 구별해서 설명하기가 힘들기 때문에 구체성 없이 모호한 설명으로 대치하는 것이다. 이런 식의 설명은 다음과 같은 반박 질문이 나올 수 있다.

- 반대 팀은 대체 에너지가 준비되면 원자력 발전을 그만두어도 된다는 입장입니까?

- 전기 요금이 물가 상승에 비해 낮은 수준으로 증가하였다고 하셨는데, 이와 원자력 발전의 관계는 무엇입니까? 원자력 발전이 전기 요금을 싸게 하는 데 기여했다고 말하고 싶은 것 같은데, 구체적인 근거는 뭡니까?

독자들도 이런 디베이트 자리에서 식은땀을 흘리지 않으려면 상대 팀이 어떻게 나올지 미리 예측하고 논리에 맞게 자료를 준비해야 한다.

이제 본론의 두 번째 주장을 살펴보자.

> 두 번째 주장은 원자력 발전은 친환경성이라는 것입니다.
> 현재 가능한 여러 발전 중에서 온실가스 발생 감축 정책에 장애가 되지 않는 발전은 원자력 발전뿐입니다. 그리고 화력 발전보다 이산화탄소 배출량이 적기 때문에 환경오염이 적고, 향후 국제 사회에서 이산화탄소 배출량을 사고파는 탄소 배출권이 본격화하면 경제적으로 훨씬 이득을 볼 수 있습니다.

본론의 두 번째 주장이다. 두 번째 주장의 핵심어를 〈친환경성〉이라 하여 글의 첫머리에 배치하면 더 좋을 뻔했다. 그러나 그 근거로 온실가스 혹은 이산화탄소 배출량을 제시했지만, 통계나 전문가의 견해 같은 신뢰할 만한 근거 자료 없이 모호한 설명만 늘어놓고 말았다. 문제점을 정리해 보자.

(1) 온실가스 발생량을 높이는 발전 방식에 따른 근거 자료가 없어 주장을 뒷받침하기 어렵다.

(2) 친환경성 문제에서 원자력 발전이 갖는 근본 문제를 외면하고 있다.

(3) 온실가스나 탄소 배출권이라는 용어 설명이 있었다면 의미 전달이 좀 더 쉬웠겠다.

(4) 경제적 이득에 대한 부분은 다음 세 번째 주장의 경제성에서 추가로 설명하는 것이 좀 더 나았겠다.

이러한 주장에는 다음과 같은 반박 질문이 가능하다.

- 온실가스 발생 감축 정책에 장애가 되지 않는 발전은 원자력 발전 뿐이라고 말씀하셨는데, 그 출처가 어디입니까?
- 앞서 서론 부분에서 체르노빌과 후쿠시마의 원전 사고를 거론하셨는데, 그렇다면 그로 인한 엄청난 환경 재앙도 알고 계시리라 믿습니다. 그럼에도 원전이 친환경적이라고 주장할 수 있습니까?

이제 본론의 세 번째인 마지막 주장을 살펴볼 차례다.

마지막으로 경제성을 이야기할 수 있습니다.
경제적으로 원자력 발전은 비용 대비 효과가 다른 에너지 발전보다 월등하게 높습니다. 1천 메가와트급 원자력 발전에 필요한 토지의 넓이는 원자력 약 1천만 평, 풍력 발전은 5천만 평으로, 경제적으로 생각했을 때도 이렇게 토지가 적은 우리나라를 봤을 때 원자력 발전을 하는 것이 훨씬 이익입니다. 그러니 원전을 폐기하지 말고 지금 상태에서 안전장치를 마련해야 합니다.

세 번째 주장의 핵심어는 〈원자력 발전의 경제성〉이다. 핵심어를 잘 잡았다. 경제성의 근거로는 발전 방식에 따른 필요 토지 규모를 들어 설명하고 있다. 그런데 이 또한 근거 자료가 빈약하다. 누가 또는 어느 단체에서 그러한 필요 토지 규모를 조사했는지 밝혀야 근거가 확실해진다. 훌륭한 자료는 커다란 신뢰감을 준다. 문제를 정리해 보자.

> (1) 원자력 발전이 비용 측면에서 갖는 장점을 설명하고자 하였으나, 이를 필요한 토지 규모에 국한해서 설명했다. 그러나 비용 측면은 건설/유지/폐기 등에 따른 비용을 모두 고려해야 한다. 토지 규모는 비용의 한 측면에 불과하다.
> (2) 토지 규모 자료의 출처를 언급하지 않아서 자료의 신빙성에 의문이 든다. 그리고 토지 부분은 건설 비용 측면으로 포괄해서 다루는 것이 더 좋겠다.

이러한 주장에는 다음과 같은 반박 질문이 가능하다.

> - 발전 방법에 따른 경제성이라면 건설, 유지, 폐기할 때 생기는

비용을 모두 포함해야 할 것입니다. 그런데 반대 팀은 지금 건설, 그중에서도 필요한 토지 규모에 국한하여 비용을 설명하고 있습니다. 이게 충분하다고 생각합니까?

- 발전 방식에 따른 토지 규모가 다르다고 주장하셨습니다. 그 출처는 어디입니까?

- 원자력은 폐기물 관리에도 오랜 시간과 비용과 위험이 따릅니다. 반대 팀은 이를 고려하고 있습니까?

마지막으로 결론을 살펴볼 차례다. 그러나 아쉽게도 이 팀의 입안문에는 결론이 없다. 말도 안 되는 일이라고? 아니다. 용두사미. 이는 초보 디베이터들이 흔히 저지르는 실수일 뿐이다. 초보 디베이터들은 본문만 말하고 나서 결론은 흐지부지 끝내거나 아예 생략해 버린다. 결론은 꼭 필요하다. 본문에서 말한 내용을 정리해서 한 번 더 팀의 의견을 분명히 주장해야 설득의 힘이 더욱 세진다.

이 팀의 입안문을 논리 구조 그림으로 그려 보면 어떤 모양이 나올까?

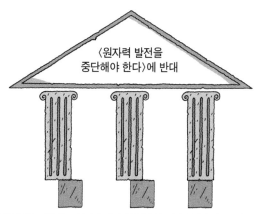

반대 팀의 논리를 꺾고 싶다면 기둥과 주춧돌을 하나하나 무너뜨리면 된다.

아마도 이와 같은 그림이 나올 것이다.

먼저 주장을 뜻하는 기둥. 대체로 보아 이 팀은 자기 입장을 지지하는 주장은 나름대로 잘했다. 그래서 반듯한 세 기둥으로 표현했다.

다음으로 주춧돌. 문제는 이러한 주장을 지탱해 주는 근거다. 세 가지 모두 객관성을 뒷받침하는 자료 없이 모호한 설명으로 일관했다. 그래서 주춧돌의 크기를 줄였다. 게다가 첫 번째와 두 번째 근거 가운데 일부는 경제성이라는 세 번째 주장으로 통합하는 것이 더 좋을 뻔했다. 그래서 기둥을 벗어난 주춧돌을 그렸다.

결국 이 팀이 그린 논리 구조는 불안정하다. 세 기둥이 적절하게 받치고 있지만, 기둥을 받치고 있어야 할 주춧돌은 작거나 옆으로 살짝 빠져 버렸다. 이렇게 집을 짓는다면 이 집은 바람만 불어도 휙 하고 넘어간다.

그래도 이 팀은 현재 어떤 주제로 토론을 하는지는 정확히 이해하고 있는 것 같다. 그러니까 기둥은 든든히 세운 것이다. 그런데 토론 경력이 짧다 보니 근거를 제대로 만들지 못했다. 그리고 초점이 다른 근거도 섞여 있다. 좀 더 튼튼한 근거를 찾아내는 자료 조사 훈련만 뒷받침한다면 기본은 갖춘 디베이터가 될 수 있다.

주제 02 학부모의 학교 출입을 제한해야 한다

실제 디베이트 현장의 논리 분석 두 번째다. 다음은 〈학부모의 학교 출입을 제한해야 한다〉는 주제로 열린 디베이트의 찬성 팀 입안문이다. 한 단락씩 나눠서 검토해 보자.

찬성 팀 입안문

학교 현장에 '매 맞는 교사' 사건이 여러 번 발생하고 있습니다. 교육에 대한 학부모의 불신이 커지며 교권이 침해되는 심각한 상황은 어제오늘의 이야기가 아닙니다. 수업 도중에 부모가 다짜고짜 교실에 들어와 교사에게 욕설을 하고 폭행을 한다는 뉴스도 이제는 특종이 아닌 일상의 이야기가 되어 버렸습니다.

수업 중 학부모가 교사를 폭행한다면 그 장면을 본 학생들은 과연 무엇을 배울 수 있을 것일까요? 조금만 이상이 있으면 학교에 찾아가 항의하는 학부모. 어떤 교사가 이런 환경에서 제대로 된 수업을 하고 또 학생은 열심히 공부할 수 있을까요? 이러한 배경에서 최근 학부모의 학교 출입을 제한해야 한다는 목소리가 커지고 있습니다.

여기서 '제한'이란 '미리 범위나 한계를 정하는 것'을 뜻합니다. 또한 '학교'란 '대한민국의 모든 초·중·고등학교'를 뜻합니다.

> 저희 팀은 〈학부모의 학교 출입을 제한해야 한다〉에 찬성합니다. 지금부터 '교권 보호', '수업권 보장', 그리고 '학생 보호'를 중심으로 찬성 팀의 입장을 설명하고자 합니다.

여기까지가 서론 부분이다. 서론에서는 주제 배경, 용어 정의, 구체적 입장 천명, 핵심어 예고가 주 내용이다. 서론 부분에서 다룰 내용들이 대부분 들어 있다. 특히 자신의 주장에 대한 예고가 핵심어를 중심으로 잘 정리되어 있다. 그런데 다음과 같은 아쉬움이 있다.

> 용어 정의가 좀 더 명확했으면 하는 아쉬움이 있다. 용어 정의는 왜 할까? '주제 해석'을 명확히 하려고 하는 것이다. 이 목적을 잊으면 용어 정의는 그저 '사전 베끼기'일 뿐이다. 발언자가 정의한 '제한'에는 학부모의 학교 출입을 제한한다는 구체적인 뜻이 드러나 있지 않다. 따라서 '학교 출입의 때와 장소를 제한한다.'는 뜻을 담으면 더 좋을 것이다. 이렇게 용어를 정의해야 주제를 더 명확히 드러낼 수 있다.
> 또한 용어 정의에 이어 나와야 할 주제 해석이 제시되어 있지 않다. 찬성이라는 입장은 천명되었으나 그 구체적 이유는 제시되어 있지 않다.

이러한 서론에는 다음과 같은 반박 질문이 가능하다.

- 그래서 상대팀은 오늘 주제를 어떻게 해석하시는 거죠?

- 그래서 어떤 방법으로 학부모의 학교 출입을 제한한다는 뜻입니까? 아예 출입을 금지시킬 건가요? 만약 제한한다면 제한의 기준은 무엇이죠?

첫째, 교권을 보호할 수 있습니다.

〈신동아〉 기사에 따르면, 경기도의 한 남녀공학 중학교에 재직하던 F교사는 한 학생의 아버지가 학원 수업 시작할 시간인데 대청소를 시킨다고 학교에 출입해 욕설을 내뱉었다고 합니다. 또한 서울의 한 중학교에서는 학부모가 학교에 들어와 교사에게 뜨거운 녹차를 뿌리고 발과 머리를 걷어차 교사에게 큰 상해를 입히는 사건이 발생했습니다.

더불어 교총이 교사 628명을 대상으로 실시한 교직 만족도 설문조사 결과, 응답자의 55.4%는 최근 1~2년 사이에 교직 만족도가 떨어졌다고 답했습니다. 가장 큰 근거로는 '학부모, 학생에 대한 권위 상실'을 꼽았다고 합니다.

이처럼 학교 내부에서 교사에 대한 학부모 폭행 문제가 심각한 요즘, 학부모의 학교 출입을 제한해 교권을 보호해야 합니다.

본론의 첫 번째 주장과 근거다.

'교권을 보호할 수 있다.'는 주장을 뒷받침하는 근거로, 〈신동아〉 기사에 나온 '사례'와 교총이 실시한 '통계'를 제시했다. 사례를 들고 관련 통계를 조사하여 제시한 것은 잘했다. 〈신동아〉 기사에 나온 사례는 학부모가 교사를 폭행했다는 점에서 '교권을 보호할 수 있다.'는 주장을 뒷받침하기에 적절하다. 옥의 티를 꼽자면 다음과 같다.

(1) 주장 앞에 핵심어를 다시 제시하는 것이 좋다.

(2) 교권 위협 요소는 여러 가지다. 학부모의 폭행은 그중 하나일 뿐이다. 학부모의 폭행이 직접 근거라면, 그 주장은 '학부모 폭행으로부터 선생님을 보호할 수 있습니다.'라고 하는 것이 더 적절하다. 이 발언을 들은 상대측이 "학부모가 교사 폭행만 안 하면 교권은 보호되는 것입니까?" 하고 질문하면 뭐라 답할까?

(3) 교총의 설문 통계 내용은 '교권을 보호할 수 있다.'는 주장의 근거로 제시하기에는 직접적인 관계가 없다. 학부모, 학생에 대한 권위 상실이 학부모가 학교에 들어왔기 때문에 생겼다는 증거나 설명이 빠졌기 때문이다. 이 발언을 들은 상대팀이 "선생님들의 권위 상실이 심각하다고 말씀하셨습니다. 그런데 그 권위 상실이 오늘 주제인 학부모의 학교 출입 때문이라는 근거가 무엇입니까?" 하고 질문하면 뭐라 답할까?

(3) 어떤 주장을 할 때 그 근거로 '사례'를 제시하거나 '통계'를 제시한 것은 좋다. 하지만 그 사례의 내용과 통계의 결과가 적절하게 주장을 지지해 주는지 충분히 생각해야 한다.

둘째, 학생의 수업권을 보장할 수 있습니다.

〈오마이뉴스〉 기사에 따르면, 한국교총의 김동석 대변인은 "현재 학부모 항의 방문, 잡상인, 부랑자 무단 출입 탓에 학생들의 수업권이 보장되지 못하거나, 학생들의 안전에도 문제가 있다."고 밝혔습니다.

예를 들어 수업 중간에 학부모가 교실에 들어와 소란을 피운다면 과연 학생들은 여기서 무엇을 배울 수 있을까요? 이러한 상태에서 교사는 수업을 제대로 진행할 수 있을까요? 이렇게 학교의 개방화가 학생들의 공부를 방해한다면 학교의 본뜻을 잃어버리는 일입니다. 학생들의 수업권을 보장하기 위해서라도 학부모의 학교 출입을 제한하는 것이 진정 학생을 위한 길입니다.

본론의 두 번째 주장과 근거다.

발언자는 '학생의 수업권을 보장할 수 있다.'는 주장을 뒷받침하려고 신문에 나온 '전문가의 견해'를 제시했다. 여기에 나온 전문가는 한국교총의 대변인으로 이 사안과 관련해 충분히 권위가 있는 사람이다. 적절했다. 게다가 그의 말을 정확히 인용했다. 이어 설명을 덧붙였다. 잘했다. 옥의 티라면 다음과 같은 것들이다.

(1) 주장 앞에 핵심어를 다시 제시하는 것이 좋다.

(2) 학생의 수업권 위협 요소는 여러 가지다. 학부모의 항의 방

문은 그중 하나일 뿐이다. 그렇다면 단정적으로 '학생의 수업권을 보장할 수 있다.'기보다는 '학생의 수업권 보장에 도움이 된다.'는 정도로 주장하는 것이 적절하지 않았을까?

(3) 학부모가 항의하려고 학교에 가는 일 그 자체에는 문제가 없다. 이 발언을 들은 상대 팀이 "문제는 항의 방문의 방법 아니겠습니까? 학부모의 항의 방문 자체가 문제가 되는 게 아니라, 항의를 위해 수업 중인 교실까지 쳐들어간 것이 문제 아닐까요? 그러니까 적절한 수준의 항의 방문이라면 학생의 수업권까지 위협하지는 않는다고 생각합니다만…"이라고 질문하면 뭐라 답할까?

셋째, 학생들을 위험에서 보호할 수 있습니다.

〈경북일보〉 기사에 따르면, 등교하는 어린 여학생을 납치하여 성폭행한 김수철 사건의 충격적인 점은 교내에서 발생하였다는 점이라고 합니다. 범인은 교내를 배회하다가 사건을 저질렀고, 비록 극소수이긴 하나 교내에 사람이 없던 것도 아니었습니다. 수상한 자를 보았다는 이도 있었다고 합니다.

사고는 미리 방지해야 하며 그 노력은 평소에 해야 합니다. 그러나 어린이를 보호해야 할 학교 환경은 무방비 상태로 방치되어 있습니다. 대책 없이 시행된 학교 개방화로 대낮에도 외부의 통제가 어려우며, 야간에는 불량배들의 휴식처가 되고 있습니다. 이렇게 학교의 개방화는 학생들을 위험으로 내몰고 있습니다. 학생들의 안전을 위해서는 반드시 학부모의 학교 출입을 제한해야 합니다.

본론의 세 번째 주장과 근거다.

이 주장은 기사에 나온 사례를 들어 '학생들을 위험에서 보호할 수 있습니다'는 주장을 뒷받침하고 있다. 하지만 다음과 같은 아쉬움이 있다.

(1) 주장 앞에 핵심어를 다시 제시하는 것이 좋다.

(2) 기사에 나온 사람은 범죄 전과가 있는 일반인이다. 만약 주제가 〈외부인의 학교 출입을 제한해야 한다〉였다면 좋겠지만, 오늘의 주제는 〈학부모의 학교 출입을 제한해야 한다〉이다. 발언자는 주제와 거리가 먼 사례를 제시했다. 학부모가 학교에서 학생들을 위험에 빠뜨렸다는 근거가 빠졌기 때문이다.

(3) 이 발언을 들은 반대 팀이 "지금 찬성 팀은 학생들을 위험으로부터 보호하기 위해 학부모 학교 출입을 제한해야 한다고 주장하고 있습니다. 하지만 그 근거로 든 사례는 범죄 전과를 가진 일반인에 의한 것입니다. 이게 무슨 상관이 있습니까? 찬성 팀은 상관없는 근거를 들어 주장을 펼치고 있습니다."라고 말하면 뭐라 답할까?

저희는 이렇게 '교권 보호', '학생의 수업권 보장', 그리고 '학생 보호'라는 3가지 주장을 통해 〈학부모의 학교 출입을 제한해야 한다〉에 찬성합니다. 학생, 학부모, 그리고 학교 모두를 위해서는 학부모의 학교 출입을 제한해 학교의 안전을 보장하는 것이 가장 합리에 맞는 방법일 것입니다.

결론은 잘 마무리했다. 자신의 주장을 요약하고 다시 한번 자기 입장을 천명했다. 마무리 효과문이 더해졌으면 더욱 좋았을 것이다.

이상의 논리 구조를 그림으로 그려 보자.

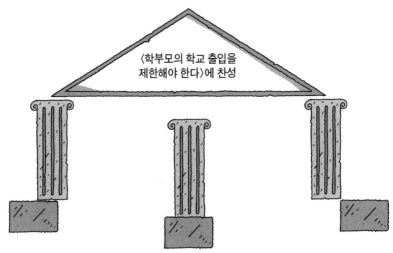

찬성 팀의 논리를 꺾고 싶다면 기둥과 주춧돌을 하나하나 무너뜨리면 된다.

이렇게 그림을 그린 근거는 다음과 같다.

> (1) 첫 번째 기둥. '교권 보호'와 '학부모 학교 출입 제한'은 필
> 요충분한 조건이 아니다. 다만 무관하다 할 수는 없기 때문
> 에 기둥의 반만 지붕을 지탱하고 있는 것으로 그렸다. 그 밑
> 의 주춧돌을 반만 걸치게 그린 것도 비슷한 근거다. 근거로
> 제시한 것이 부분만 주장을 지탱하는 내용이다.
>
> (2) 두 번째 기둥. 수업권을 보장한다는 주장과 그 근거가 주
> 제와 필요충분한 관계가 아니다. 그래서 지붕에서 좀 떨어
> 진 기둥과 주춧돌로 표현했다.
>
> (3) 세 번째 기둥. 학생을 위험에서 보호한다는 주장은 학부
> 모의 학교 출입과 부분적으로만 관련이 있다. 그래서 지붕
> 을 조금 걸친 것으로 그렸다. 그 근거로 든 사례는 전혀 관련
> 이 없어 주춧돌을 기둥에서 떨어뜨렸다.

결국 이 학생이 그린 논리 구조는 불안정하다. 두 기둥은 지붕을 겨우
걸치고 있는 데다, 기둥을 받쳐야 할 주춧돌은 아예 옆으로 빠진 것도 있
다. 이렇게 집을 지으면 쉽게 무너진다. 만약 반대 팀의 입장에 있다면
이와 같은 논리의 집은 쉽게 무너뜨릴 수 있다. 각 주장이 근거가 유기
적으로 연결되어 있지 못하기 때문이다. 좀 더 튼튼한 논리의 집을 지어
야겠다.

주제 03 진실 규명이 변호사의 비밀유지특권에 우선해야 한다

이번에는 미국에서 열린 디베이트 사례를 검토해 보자. 다음은 미국의 한 한인 고등학생이 링컨 더글러스 디베이트(Lincoln-Douglas Debate, 1858년 링컨과 더글러스가 벌인 1:1 토론에서 유래한 디베이트 형식)에 참가하여 준비한 찬성 팀과 반대 팀 입안문 2가지다. 미국의 상황이니, 먼저 주제와 배경을 알아보자. 참고로 이 학생은 나중에 하버드 법대에 진학했다.

〈In the United States criminal justice system, truth seeking ought to take precedence over the attorney client privilege〉

이것이 주제다. 그러니까 풀이하면 〈미국의 형사재판제도(Criminal Justice System, 범죄를 통제하고 범법자들을 처벌하려고 정부가 구성한 기구와 절차)에서 진실(Truth, 상황과 사건 또는 사람에 관한 실상) 규명이 변호사의 비밀유지특권에 우선(precedence, 우월성에 있어 훨씬 앞서기 때문에 요구하거나 받는 우선권)해야 한다〉이다.

이런 주제가 가능했던 배경은 이렇다. 미국에서는 변호사와 의뢰인 사이에 나눈 대화는 비밀에 붙인다. 이것이 변호사의 '비밀유지특권'이다. 변호사는 의뢰인과 대화하면서 실제 범인이 의뢰인임을 알고 있다 해도 이를 비밀에 붙일 수 있다. 피의자에게 자기 보호 권리를 부여해야 한다는 인권 차원에서 그렇다. 그러나 한편 가장 많은 진실을 아는 변호사가 의뢰인을 위해 입을 다물면 진실 규명을 하려는 노력은 어려워진다. 그래서 진실 규명이 변호사의 비밀유지특권에 우선해야 한다는 주제가 성립한다.

찬성 팀 입안문

안녕하십니까? 저는 이번 주제인 〈미국의 형사재판제도에서 진실 규명이 변호사의 비밀유지특권에 우선해야 한다〉의 찬성 팀 입장에서 디베이트를 하겠습니다.

찬성 팀에서 내세우는 가치의 전제는 '정의'입니다. 조지 워싱턴은 "정의의 집행은 정부를 떠받치는 가장 강력한 기둥"이라고 하였습니다. 이 말의 중요성은 건국의 아버지이자 자유 진영의 첫 지도자인 조지 워싱턴이 미국 정부의 기초와 목적을 명쾌하게 설명했다는 데 있습니다.

정의에 대한 가치 기준은 '범죄에 걸맞은 정확한 처벌 여부'가 될 것입니다. 이미 정의한 대로 형사재판제도의 목적은 범죄를 통제하고 범법자들을 처벌하는 것입니다. 따라서 형사재판제도의 성공과 정의를 측정하는 가장 진정성 있는 방법은 본 제도가 '범법자들에게 범죄에 맞게 처벌을 집행한다.'는 본연의 업무를 얼마나 잘 수행하느냐를 따지는 것입니다.

찬성 팀의 서론 부분이다.

먼저 주제와 입장 천명, 용어 정의를 했다. 이어지는 부분은 퍼블릭 포럼 디베이트(Public Forum Debate, 2002년에 개발된 2:2로 진행하는 디베이트 형식)에만 익숙한 독자라면 조금 낯설 수 있다. 이는 링컨 더글러스 디베이트 형식의 특징이자 한 부분인 〈가치 구조〉가 나오기 때문이다. 〈가치 구조〉는 링컨 더글러스 디베이트의 서론에서 다루는 것으로, 크게 〈가치 전제〉와 〈가치 기준〉으로 나눈다. 링컨 더글러스 디베이트의 〈가치 구조〉는 심판에게는 판정 기준을 제시하고, 디베이터에게는 '주제를 판단하는 데 중요한 가치는 무엇일까?'를 생각하게 만드는 효과가 있다.

먼저 〈가치 전제〉는 심판이 이 디베이트를 판정할 때 어떤 가치에 중점을 둬야 하는지를 밝힌다. 여기에서는 '정의(justice)'를 내세웠다. 그러니까 변호사의 비밀유지특권의 정당성을 판단할 때, 그 판단 기준은 과연 이것이 정의를 제대로 구현하고 있는지를 중심으로 판단해야 한다는 것이다.

이 디베이터는 왜 정의가 이번 주제의 판단 기준을 이루는가를 뒷받침하는 근거로 조지 워싱턴이라는 '전문가의 견해'를 들었다. 조지 워싱턴은 미국의 초대 대통령으로 미국의 기초를 닦은 사람이다. 그의 견해는 충분히 이번 주제의 〈가치 전제〉를 설명하는 데 적절할 수 있다.

〈가치 기준〉은 '범죄에 맞는 정확한 처벌 여부'라 했다. 그러니까 정의가 제대로 구현되는지의 기준은, 정의를 해치는 것 가운데 하나인 범죄자들이 그 범죄에 맞는 처벌을 제대로 받는가에 있다는 주장이다. 이처럼 이 디베이터는 〈가치 전제〉에 걸맞은 〈가치 기준〉을 제시했다.

제 주장을 말씀 드리겠습니다.

주장 1. 진실 규명은 형사재판제도에서 가장 중요한 요인입니다.

　1) 진실 규명은 무고한 사람들에게 혐의를 씌우는 것을 방지하기 위해 반드시 필요합니다. 〈2002년 미국 형사법 전문지〉는 "미국의 형사재판제도가 무고한 사람들을 보호해야 할 필요성을 중시하고 있다는 점을 볼 때, 재판의 가장 중요한 목표는 형사 소송에서 실상을 정확하게 밝히도록 하는 것"이라고 서술하고 있습니다.

　2) 진실 규명은 형사재판제도 존립에 꼭 필요합니다. 〈2003년 하버드 법과 정책 전문지〉는 "우리 제도가 지금까지 복수심으로 해결하려던 개인의 분쟁을 재판 절차로 대치하는 데 성공한 것은, 사람들이 기꺼이 이 제도가 정의를 실현할 것이라고 믿었기 때문이다. 그러나 국민이 본 형사재판제도가 정의 실현을 하지 못한다고 느낀다면 그들은 형사재판제도를 점점 덜 신뢰할 것이다."라고 서술하고 있습니다.

심판관 님, 우리 법 체계의 근저에는 궁극적으로 오로지 진실만을 추구한다는 정신이 깔려 있습니다. 국민을 위한 최상의 형사법 체계는 가장 진실에 근거한 결과를 제공하고, 무고한 사람은 풀어 주며, 범죄자를 수감할 수 있는 체계입니다. 이러한 법 체계가 지금과 같이 변호사의 비밀유지특권에 가려진다면, 우리는 진실에 근거한 결과를 얻을 수 없습니다. 이는 이 두 가지 근거와 혐의를 벗으려고 막강한 소송 변호인단을 고용한 오제이 심슨 사건에서도 알 수 있습니다.

심판관 님, 오제이가 니콜 심슨과 로널드 골드만의 살해 혐의에서 벗어난 날, 심판관 님과 저 같은 수백만의 일반 국민들은 법 체계를 불신했습니다.

우리 동료 시민들의 믿음을 지키고자 한다면 우리는 반드시 진실 규명에 근거한 법 체계를 채택해야 합니다. 그 체제 안에서 무고한 시민이 무혐의가 되고 범죄자가 죄의 대가를 받을 수 있기 때문입니다.

첫 번째 주장이다. 찬성 팀은 진실 규명은 형사재판제도에서 가장 중요한 요인이라는 점을 주장한다. 이를 위한 논리의 전개를 두 가지로 한다. 하나는 '무고한 사람이 혐의를 받는 것을 방지'하기 위해서이고, 또 하나는 '진실 규명이 형사사법제도 존립에 필수'이기 때문이다.

그 근거로 〈2002년 미국 형사법 전문지〉와 〈2003년 하버드 법과 정책 전문지〉 같은 관련 전문 학술지의 견해를 '인용'했다. 관련 전문 학술지의 견해를 제시하여 신뢰감을 주었다.

자신의 주장과 그 주장을 뒷받침하는 관련 전문 학술지의 견해를 제시하고 나서, 그 주장을 개인의 설명으로 분명히 했다. 개인 설명 가운데 오제이 심슨 사건이라는 '사례'를 들어 자신의 주장을 더욱 분명히 했다. 곧 근거의 유형 여섯 번째인 '사례'를 알맞게 활용했다.

이제 두 번째 주장을 살펴보자.

진실에 근거한 형사재판제도가 가장 바람직한 체계라는 것을 보였기 때문에, 이제는 진실 규명과 변호사의 비밀유지특권이 절대 공존할 수 없다는 점을 입증코자 합니다.

주장 2. 변호사의 비밀유지특권은 진실 규명을 침해합니다.

〈2005년 세인트 존스 법 해석 저널〉은 "해당 비밀유지특권의 목적은 의뢰인과 변호사 간의 대화를 보장하는 것이다. 이 특권은 이러한 목적으로만 행사해야 한다. 비밀유지특권을 너무 넓게 적용하면 찾고자 하는 정보의 양이 현저히 줄어들 것이다. 이는 배심원들이 잘못 판단하게 하거나 혼란스럽게 만들 것이며, 그들의 진실 규명 기능을 크게 방해할 수 있다."고 밝혔습니다.

★ 비밀유지특권은 신뢰할 만한 증거를 배제합니다.

〈2000년 토머스 쿨리 법 전문지〉는 "비밀유지특권은 불행한 결과를 낳는다. 비밀유지특권 때문에 재판 과정에 관련이 있고 공정한 정보가 힘을 잃는다. 재판제도가 본래의 기능을 발휘하려면 모든 사실에 대한 완전한 공개가 필요하기 때문에, 법정은 여간해서는 비밀유지특권의 범위를 확장하지 않는다."고 밝혔습니다.

가장 좋은 사례는 알톤 로간 사건입니다. 로간은 범죄 경력이 없는 결백한 사람이었습니다. 하지만 고소를 당했고 1급 살인죄를 선고받았습니다. 진짜 살인범은 앤드류 윌슨이었습니다. 그는 사실 변호사들에게 자신이 살인자라고 고백까지 했습니다. 하지만 비밀유지특권 때문에 그 두 변호인은 의뢰인에 반하는 증거를 제출할 수 없었습니다. 앤드류 윌슨이 죽고 나서야 그의 변호사들은 그들의 의뢰인이 진범임을 밝힌 진술서를 법원에 제출할 수 있었습니다. 그때까지 결백한 로간은 감옥 안에서 26년을 보내야 했습니다.

심판관 님, 이처럼 비밀유지특권이 사람들에게 가장 가치 있다고 판단되는 진실 규명 체계를 방해하고 있습니다. 정의라는 가치를 지키고 범죄에 맞는 처벌을 하려면 비밀유지특권을 제한하고 진실을 바탕으로 한 사법 체계를 만들어야 합니다.

두 번째 주장이다. 찬성 팀은 비밀유지특권은 진실 규명을 침해한다고 주장한다. 이를 위해 〈2005년 세인트 존스 법 해석 저널〉과 〈2000년 토머스 쿨리 법 전문지〉같은 관련 전문 학술지의 견해를 '인용'하면서 근거를 들었다. 그 뒤는 그 주장을 개인의 설명으로 분명히 했다. 이 중 알톤 로간 사건이라는 '사례'는 찬성 팀의 주장에 더욱 믿음을 준다.

마지막으로 이 세상 모든 피고인 중에서 오직 하나의 특정 집단만이 비밀유지특권을 최대한 이용하고 있다는 주장을 펼치겠습니다.

주장 3. 오직 범죄자들만이 이 특권의 혜택을 누린다는 점입니다.

〈2010년 오하이오 노던 법 전문지〉는 "그러나 '비밀유지특권'은 특히 지난 20년 동안 여러 경우에 공격을 받아왔다. 제러미 벤담(영국 철학자)은 결백한 자는 변호사에게 숨길 것이 없고 변호사의 폭로가 두렵지 않기 때문에 오직 범죄자만 이 특권의 혜택을 누렸음을 지적하였다."고 밝힙니다.

★ 특권을 폐지한다면 결백한 자가 혜택을 볼 것입니다.

〈2010년 오하이오 노던 법 전문지〉는 "특권은 의뢰인의 이익에 더 큰 손해를 준다. 특권이 없을 때에, 의뢰인은 불리한 정보가 그들의 적수 또는 결과적으로 법정에 알려지지 않을 것이라고 확신이 설 때만 변호사를 채용할 것이다. 이러한 상황에서 변호사 채용은 의뢰인이 정직하다는 것을 법정에 알리는 효과적인 신호가 될 것이다."라고 밝히고 있습니다.

심판관 님, 이 증거는 매우 명백합니다. 숨길 것도 두려워할 것도 없는 결백한 자는 자신의 진실을 배심원에게 밝힐 수 있을 때에만 혜택을 누릴 수 있습니다. 또한 그는 변호사에게 모든 것을 털어놓을 수 있을 때에 최상의 법적 보호가 가능할 것입니다. 사실 이 같은 행위는 그들의 자연스러운 선택일 것입니다. 결과적으로 비밀 유지특권을 폐지할 때 변호사의 진술을 두려워할 사람은 오직 죄를 범한 사람뿐입니다.

세 번째 주장이다. 세 번째 주장 또한 첫 번째와 두 번째 주장과 마찬가지로 관련 전문 학술지의 견해를 '인용'하여 근거를 들고 나서 그 주장을 개인의 설명으로 분명히 했다. 듣는 사람의 귀를 솔깃하게 하는 주장이다.

그러나 아쉽게도 찬성 팀 입안문은 여기까지다. 결론 부분을 따로 할애하여 앞서 했던 주장들을 다시 한번 정리했다면 더욱 좋았겠다.

하지만 이 정도면 충분히 좋은 논리 구조를 갖췄다 할 수 있다.

예상했겠지만 이 주장의 논리 구조를 그리면 어떤 그림이 나올까?

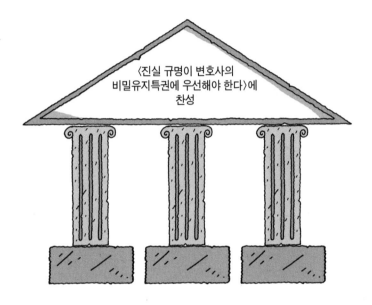

우리가 바라던 튼튼한 집이다. 먼저 기둥 3개가 든든하게 지붕을 받쳤다. 이어 각 기둥은 알맞은 '인용'과 '사례'라는 실린 주춧돌에 잘 뒷받침되고 있다. 이런 논리 구조가 좋다.

이제부터는 같은 사람이 준비한 반대 팀 입안문이다. 디베이트에서는 사전에 찬성과 반대를 알 수 없다. 디베이트 현장에서 동전 던지기로 찬반을 정한다. 결국 디베이터는 찬성과 반대 2가지를 모두 준비해야 제대로 된 디베이트를 할 수 있다. 그래서 다음 반대 팀 입안문도 같이 준비한 것이다. 반대 팀 입안문의 논리를 검토해 보자.

반대 팀 입안문

안녕하십니까? 저는 오늘의 주제인 〈진실 규명이 변호사의 비밀유지특권에 우선해야 한다〉에 강력히 반대합니다.

우리는 찬성 팀의 용어 정의에 동의합니다.

본 디베이트의 반대 팀으로서 우리는 공정성을 가치 전제로 내세우고자 합니다. 왜냐하면 우리의 법 체계 전반은 공정성, 상호 신뢰를 바탕으로 하며, 궁극적으로 범죄자는 정의롭게 심판될 것이라는 확신에 기초하고 있기 때문입니다.

공정성에 대한 우리의 가치 기준은 '가장 공정한 재판'입니다. 법 체계가 공정하려면 재판이 완벽히 균형을 이루어야 한다는 것은 당연한 일입니다. 또한 6차 헌법 개정에 따라 국민은 공정하고 신속하게 재판을 받을 권리가 있습니다. 공정한 재판은 모든 시나리오에서 바람직할 뿐만 아니라, 헌법에도 이를 명문화해 보호합니다. 따라서 공정함을 평가하는 기준은 '공정한 재판'이어야 합니다.

반대 팀의 서론이다. 주제에 대한 입장 천명과 용어 정의를 하고 있다. 용어 정의는 찬성 팀 용어 정의에 동의하기 때문에 반복하지 않았다. 이어지는 설명은 반대 팀 입장의 〈가치 구조〉 설명이다. 반대 팀은 찬성 팀과 달리 가치 전제로 '공정성'을 내세웠고, 가치 기준으로 '가장 공정한 재판'을 들었다. 이들 〈가치 구조〉와 찬성 팀의 〈가치 구조〉를 비교하면, 링컨 더글러스 디베이트의 가장 큰 특징인 〈가치 구조〉를 쉽게 이해할 수 있을 것이다.

주장 1. 첫 번째 논점은 비밀유지특권은 공정한 재판에 반드시 필요하다는 것입니다.

  1) 비밀유지특권은 기밀 유지를 위해 반드시 필요합니다.

〈2011년 토머스 제퍼슨의 법 전문지〉: "비밀유지특권은 항상 그래왔듯이 변호사 − 의뢰인 관계의 근간을 이루는 요소 중 하나다. 비밀유지특권은 의뢰인의 특정 정보의 공개를 막는다. 따라서 비밀유지특권은 의뢰인의 기밀유지가 요구되는 의사소통을 보호한다."

  2) 기밀 유지는 완전하고 솔직한 대화를 위해 반드시 필요합니다.

〈2010년 뉴욕 법 전문지〉: "본 특권은 변호사 − 의뢰인 관계를 그럴싸하게 말하려고 존재한다. 3가지 기본 추정들이 이의 합리성을 뒷받침한다. 첫째, 법 절차가 너무 복잡해서 의뢰인은 변호사가 필요하다. 둘째, 본 특권은 의뢰인이 수임 계약 기간 동안 양질의 조언을 받도록 모든 필요한 사실들을 변호사에게 밝히게 한다. 셋째, 법원이 나중에 그런 정보를 증언하라고 강요하지 않을 것이라는 확신이 없다면 의뢰인은 변호사에게 자신들의 기밀 사항을 드러내기 꺼릴 것이다."

  3) 완전하고 솔직한 대화는 공정한 재판에 반드시 필요합니다.

〈2010년 서포크 대학 법 전문지〉: "비밀유지특권은 법 체계가 적절히 작동하려면 반드시 필요하다. 본 특권은 변호사와 의뢰인이 완전하고 솔직한 대화를 하게 한다. 본 특권은 논란의 문제가 있는 사안에 경쟁력 있는 진술을 제공할 수 있게 한다."

심판관 님, 이 세 건의 근거 자료는 모두 단순한 진실을 드러내고 있습니다.

비밀유지특권은 용어 정의상 기밀 유지를 돕고 있으며, 기밀 유지는 의사소통에 필요하며, 의사소통은 공정한 재판을 위해 필요합니다. 비밀유지특권을 무력화함으로써 찬성 팀은 완전하고 진실된 의사소통 대신 진실 규명에 우선순위를 둘 것을 제안하고 있는데, 이는 분명히 더욱 열등한 형사재판제도를 만들 것입니다.

검사는 이미 정부의 모든 자원과 돈, 정보의 지원을 받습니다. 반면에 피고인은 한 사람 또는 한 법률 회사의 자원에 의지할 수밖에 없습니다. 이는 변호인 측에 불리합니다.

심판관 님, 무고한 사람이 수감되는 것을 막기 위해 우리는 비밀유지특권을 유지해야 하며, 앞서 언급하였듯이 이를 통해 검사 측과 변호인 측이 균형을 이룰 수 있도록 해야 합니다.

첫 번째 주장이다. 반대 팀은 "비밀유지특권은 공정한 재판에 필수"라는 주장을 바탕으로, "비밀유지특권은 기밀 유지에 필수", "기밀 유지는 완전하고 솔직한 대화에 필수", "완전하고 솔직한 대화는 공정한 재판에 필수"라는 논리로 전개하고 있다. 역시 이들 주장은 〈2011년 토머스 제퍼슨 법 전문지〉와 〈2010년 뉴욕 법 전문지〉, 〈2010년 서포크 대학 법 전문지〉 같은 관련 전문 학술지의 견해를 '인용'해 근거를 들었다. 곧 근거의 유형 네 번째인 '인용'을 알맞게 활용했다.

이렇게 하니 주장이 탄탄해 보인다. 주장을 뒷받침하는 개인의 설명도 적절하다.

두 번째 주장도 살펴보자.

비밀유지특권의 필요성 외에, "비밀유지특권이 진실 규명과 함께 작동할 수 있다."는 점도 밝히고자 합니다.

주장 2. 두 번째 논점은 비밀유지특권이 진실 규명과 양립할 수 있다는 것입니다.

⟨2005년 페퍼다인 법 전문지⟩는 "모든 사람이 법 지식을 갖춘 사람에게 자유롭게 털어놓을 권리를 보장하는 것도 똑같이 중요하게 여겨야 할 필요 항목이다. 그래서 개인이 적절한 법률 요건과 방어를 할 수 있어야 한다. 완전히 정보를 공개할 수 있는 상담 여건이 장려될 때 진실 규명이 제대로 실현될 것이다."라고 서술하고 있습니다.

★ 비밀유지특권이 없다면 '진실 규명'은 더욱 어렵습니다.

⟨2010년 뉴욕 법 전문지⟩는 "특권의 부재는 진실 규명에 더욱더 큰 악영향을 끼칠 수 있다. 의뢰인이 변호사에게 진실을 드러내지 않으려 할 것이며, 그로 인해 기밀이 보장된 의사소통이 어려울 것이기 때문이다. 범죄 여부는 변호사 사무실의 비밀스런 장소가 아닌 정당한 절차를 밟은 공개된 법정에서 결정되므로 비밀유지특권의 보존은 중요하다. 비밀유지특권은 여러 세기 동안 우리 관습법이 인정한 중요한 권리다."라고 밝혔습니다.

심판관 님, 앞서 언급했듯이 피고 측의 혐의 여부와는 무관하게, 이 디베이트의 가치 판단 기준은 가장 공정한 재판입니다. 저는 비밀유지특권이 공정한 재판에 필요하다는 것을 이미 입증하였으며, 지금은 비밀유지특권이 찬성 팀이 중시하는 진실 규명 체계와 함께 작동할 수 있고, 진실 규명에 꼭 필요하다는 것도 입증하였습니다. 제가 마지막에 제시한 근거가 말해주듯, 비밀유지특권이 없다면 진실을 위한 탐사는 어려울 것이며, 이는 '가장 훌륭한 법 체계는 비밀유지특권을 우선순위에 두어야 한다.'는 사실을 합리적으로 뒷받침하고 있습니다.

두 번째 주장은 "비밀유지특권이 진실 규명과 양립한다. 비밀유지특권이 없다면 '진실 규명'은 어렵다."는 주장으로 이 디베이터는 관련 전문 학술지의 견해를 '인용'했다. 곧 근거의 유형 네 번째인 '인용'을 알맞게 활용했다.

반대 팀 논리에는 주장이 둘뿐이다. 링컨 더글러스 디베이트에서는 〈가치 구조〉 자체가 주장이 될 수 있기 때문에 실제 디베이트에서는 주장을 2개만 들 때도 있다. 즉 기둥이 둘만 있어도 된다. 이 기둥은 인용과 설명이라는 주춧돌로 잘 뒷받침되어 있다. 고등학생의 링컨 더글러스 디베이트 입안문으로는 좋은 본보기다. 이 논리 구조를 그림으로 그리면 다음과 같다.

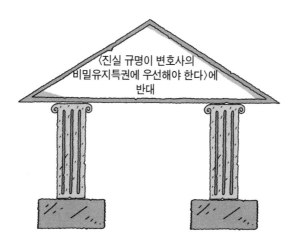

〈진실 규명이 변호사의 비밀유지특권에 우선해야 한다〉에 반대

주제 04 상표 등록 의견제출통지서와 의견서

자, 이제는 현실에서 일어날 법한 일을 논리 구조로 살펴보자. 우리가 사는 이 세상은 수많은 커뮤니케이션으로 가득 차 있고, 이들 커뮤니케이션은 모두 나름 합당한 논리에 기초할 것을 우리에게 요구한다. 즉 논리학은 학교 안에서만 필요한 것이 아니다.

다음은 상표를 등록할 때 오가는 의견제출통지서와 의견서이다. 대상 상표명은 '텐먼스'로, 수입 육아용품 판매 인터넷 쇼핑몰이 제출한 것이다. 첫 번째는 서비스표를 등록 신청한 후 특허청에서 받은 의견제출통지서이고, 두 번째는 인터넷 쇼핑몰 '텐먼스'의 특허 업무 대리인인 특허 사무소의 의견서이다. 이런 '공적 문서'는 주장과 근거를 어떻게 구사하는지 살펴보자.

〈특허청 통지서 내용〉

이 출원 서비스표는 '10개월' 등의 뜻으로서, 지정 서비스업 중에 사용하는 경우 그 서비스업의 시기를 보통으로 사용하는 방법으로 표시한 서비스표이므로 상표법 제6조 제1항 제3호 "그 상품의 산지·품질·원재료·효능·용도·수량·형상(포장의 형상을 포함한다)·가격·생산 방법·가공 방법·사용 방법 또는 시기를 보통으로 사용하는 방법으로 표시한 표장만으로 된 상표는 상표로 등록할 수 없다."에 해당하여 서비스표 등록을 받을 수 없습니다. 끝.

상표 등록 심사관의 주장은 '서비스표 등록을 받을 수 없다.'는 것이다. 그 '근거'는 법조문으로, 상표법 제6조 제1항 제3호를 '인용'했다.

쉽게 풀어 보면 출원자가 제출한 서비스표 이름인 '텐먼스'는 '10개월'이란 뜻인데, 이는 여성이 임신하는 기간인 10개월과 일치한다. 따라서 이는 지정 서비스업(=육아용품 관련 사업)을 당연히 떠올리게 하기 때문에 심사관이 등록 거절 의견을 표한 것이다. 다른 예를 들자면 '애플'은 사과 관련 사업에서는 너무 일반적이기 때문에 해당 사과 관련 업체에서는 상표로 사용할 수 없다.

이 논리 구조를 그림으로 그려 보자.

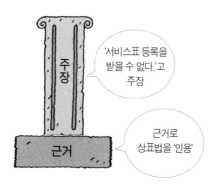

이렇게 그림을 그린 근거는 다음과 같다. 먼저 주장은 〈텐먼스의 상표 등록은 받아들일 수 없다〉가 된다. 그리고 그 근거는 해당 관련 법조문의 '인용'이다. 깔끔한 논리다.

이 통지서를 받은 특허 사무소는 다음과 같은 의견서를 냈다.

⟨특허 사무소 의견서 내용⟩

1. 거절 근거의 요점

○○○○년 ○월 ○일자로 심사관 님께서는 『이 출원 서비스표(출원 번호: **-****-*******)는 '10개월' 등의 뜻으로서, 지정 서비스업 중에 사용하는 경우 그 서비스업의 시기를 보통으로 사용하는 방법으로 표시한 서비스표이므로 상표법 제6조 제1항 제3호에 해당하여 서비스 등록을 받을 수 없습니다.』라는 요지의 의견제출통지서를 송부하셨습니다. 이와 같은 심사관 님의 의견제출통지서에 아래와 같은 의견을 제출하는 바입니다.

2. 출원인의 의견 내용

판례는 "어떤 상표가 상표법 제6조 제1항 제3호에서 정한 상품의 품질·원재료·효능·용도 등을 보통으로 사용하는 방법으로 표시한 표장만으로 된 상표에 해당하는지의 여부는 그 상표가 지닌 관념, 지정 상품과의 관계, 거래 사회의 실정 등을 감안하여 객관적으로 판단하여야 한다."(참조 자료 기입)고 판시하고 있습니다.

위 법리와 기록에 비추어 살펴보면, 이 출원 서비스표는 '웹사이트 관리업, 전자상거래용 웹사이트관리업' 등을 지정 서비스업으로 하고, '텐먼스'에서 '텐'은 10을 뜻하는 'ten'의 한국어 발음이고, '먼스'는 달을 뜻하는 'month'의 한국어 발음입니다.

따라서 '텐먼스'는 전체적으로 '10개월'을 뜻하는 단어로 볼 수 있습니다. 하지만 '텐먼스'가 이 출원 서비스표의 지정 서비스업인 '웹사이트관리업, 전자상거래용 웹사이트관리업' 등을 지정 서비스업 등 관련하여 볼 때 지정 서비스업의 시기를 보통으로 사용하는 방법으로 표시한 것으로 보기 어렵습니다. 일반 수요자의 입장에서 10개월이라는 뜻의 '텐먼스'가 지정 서비스업인 '웹사이트관리업, 전자상거래용 웹사이트관리업' 등과 관련하여 어떤 상관 관계가 있다고 볼 수 없으며, 또한 '웹사이트관리업, 전자상거래용 웹사이트관리업'과 관련하여 어떠한 기능을 나타낸다고 보기도 어렵습니다.

3. 결론

이상에서 살펴본 바와 같이 이 출원 서비스표의 '텐먼스'는 지정 서비스업과 관련하여 원재료·효능·용도 등의 성질을 보통으로 사용하는 방법으로 표시한 표장만으로 구성된 기술적 표장에 해당한다고 보기 어렵습니다.

심사관 님의 거절 근거 통지에 대해 위와 같은 의견을 제출하오니 재심사하시어 부디 출원 공고를 결정하여 주시기 바랍니다.

이 의견서의 내용을 순서대로 살펴보자.

1. 거절 근거의 요점

특허 사무소의 통지서 내용을 요약한 부분으로 의견서를 구성하는 첫 부분이다. 출원인은 심사관이 제시한 의견을 다시 확인하게 할 목적으로 작성했다.

2. 출원인의 의견 내용

해당 상표법의 판례를 제시했다. 판례에 따르면, 상표법 제6조 제1항 제3호 관련 상표 등록 여부는 "(1) 그 상표가 지닌 관념, (2) 지정 상품과의 관계, (3) 거래 사회의 실정을 감안해 판단해야 한다."는 것이다. 지금 특허 사무소의 의견서 작성자는 심사관에게 지정 서비스업과 텐먼스는 상관이 없다는 말을 하려고 관련 판례를 제시했다. 이어 의견서 작성자는 "일반적으로 텐먼스는 10개월로 인식된다."며, "하지만 출원인이 제시한 웹사이트관리업 등의 성격은 텐먼스와는 전혀 관계가 없다고 볼 수 있다."고 반박하고 있다.

3. 결론

결론으로 재심사를 통해 출원 공고 결정을 해 달라고 요청하고 있다.

이상의 논리 구조를 그림으로 그려 보자.

어떻게 해서 이런 그림이 나왔을까?

먼저 주장은 〈텐먼스의 상표 등록은 적법하다〉가 된다. 그리고 그 근거는 해당 관련 판례의 '인용'이다. 근거 제시 방법 네 번째인 '인용'을 활용해 깔끔하게 논리를 전개했다.

법 관련 문서는 문장 자체가 어려워 전문가의 설명이 없으면 이해가 어렵다는 문제가 있다. 하지만 쉽게 풀어 보면 결국 심사관과 출원인 사이의 논리 싸움이라는 것을 알 수 있다. 심사관은 관련 법조문을 내세워 서비스표 등록을 받아들일 수 없다고 주장했고, 출원인을 대리한 특허 사무소는 판례를 들어 이에 대해 반박했다.

이처럼 이 짧은 공문서에도 주장과 근거는 명료하다. 참고로 이 의견서는 마침내 특허청에서 받아들여 서비스표 등록이 결정되었다.

주제 05 유전자 조작 식품(GMO 식품)은 실패작이다

이번에 분석해 볼 자료는 에세이다. GMO 식품(=유전자 조작 식품)에 대해 한 고등학생이 쓴 것이다. 에세이 역시 논리를 전개하는 과정에서 주장과 근거가 분명하고 적절하게 드러나야 한다. 좀 길기 때문에 한 단락씩 나누어 살펴본다.

GMO(Genetically Modified Organism) 식품은 문자 그대로 기존 생물체 속에 다른 생물체의 유전자를 끼워 넣는 유전자 조작 기술로 만든 식품이다. 언뜻 보기에는, 원하는 대로 동·식물의 유전자를 바꾸어 세계에 많은 도움만을 주는 것처럼 보일 수 있다. 실제로 GMO 식품은 기아·질병·자원 문제 해결에 요긴하게 쓰이고 있다. 하지만 빛이 있으면 그림자가 있듯이, 그 이면에는 항상 부작용이라는 꼬리표가 따라다닌다.

일단 '사람이 먹었을 때 안전한가?'라는 기본 의문은 빼더라도 유전자 조작 생물종의 돌연변이 발생, 영양가 저하, 생태계 교란 같은 문제들이 눈에 띈다. 또 이 모든 것을 떠나 생각해 보아야 할 문제는 '과연 인간이 함부로 생명을 조작하는 것이 옳은 일인가?', '과학이 감히 절대자의 신성한 영역을 침범하는 것이 아닌가?'이다. 이러한 의문들 또한 GMO에 대한 논란을 더욱 부추긴다. 여러모로 논란이 많은 이 GMO 식품이 '과학의 선물'인지 아니면 '과학의 만행'인지 이 글을 통해 지금부터 살펴보겠다.

서론이다. GMO 식품에 대한 용어 정의를 시작으로 GMO 식품이 왜 논란이 되는지 배경을 설명하고 있다. 한 가지 아쉬운 점은 아직까지 필자의 의견이 드러나 있지 않다. 그리고 그 입장의 요약도 제시하지 않았다. 필자의 입장과 더불어, 주장을 예고했으면 더욱 좋았을 것이다.

주장 1. 안전성 평가 심사…'이거 먹어도 돼?'

기본 논란거리인 안전성을 평가하는 절차는 다음과 같다. 일단 식품의약품안전처의 '신소재식품과'에서 특정 GMO 식품에 대한 민원을 받는다. 그리고 제출된 자료를 검토한 후 다수의 전문가에게 심사를 의뢰한다. 이 심사는 과학적인 접근법에 근거해 국민들이 GMO 식품을 안전하게 여길 수 있도록 노력한다. 하지만 이러한 심사에도 GMO에 대한 논란은 끊이지 않는다. 아마 GMO 식품을 먹는 이들은 이런 생각을 하지 않을까? 나중에 탈나는 거 아니야? 이거 정말 먹어도 돼?

GMO의 찬성론자들이 흔히 내세우는 근거 중에는 '식량난 해결'이 있다. 실제로 ISAAA(농업생명공학응용을 위한 국제서비스)는 세계 기아 해결을 목표로 제3세계에 GMO 식품을 보급하고 있다. 하지만 이 역시 의문이 남기는 마찬가지다. GMO 식품이 과연 식량난 해결의 메시아인가? 스위스의 사회학자이자 UN 식량특별조사관인 장지글러 교수는 다음과 같이 말했다.

"전 세계에는 해마다 공식적으로만 120억 명의 인간이 먹을 수 있는 식량이 생산된다. 하지만 이 중 상당량의 식량이 섭취되지 않은 채 버려진다. 반면에 지구 반대편에서는 하루에 10만 명, 5초에 1명이 굶주림으로 죽어 가고 있다. 결국 기아 문제의 해결은 다른 이의 아픔을 내 아픔으로 느낄 줄 아는 유일한 생명체인 인간의 의식 변화에 희망이 있다."

지글러 교수의 말에 따르면 사실 GMO는 기아 문제 해결에 필수적인 요소가 아니다. 그리고 GMO로 인해 전 세계에 음식이 넘친다 하더라도 분배 체계의 개선이 전제되지 않는다면, 넘쳐나는 음식들이 가난한 국가에 전달되지 않을 것이고, 이는 GMO 식품 또한 분배 체계 개선이라는 것이 전제되지 않으면 기아 문제 해결에 별 도움이 되지 않는다는 것을 의미한다. 오히려 GMO 식품은 대기업이 합법적으로 가난한 국가들을 상대로 자본을 축적하려는 새로운 전략의 일환일 수도 있다. 따라서 우리는 GMO가 식량난 해결의 구원자라는 말을 무조건적으로, 맹목적으로 수용해서는 안 된다.

주장 1의 시작을 소제목처럼 처리했다. 그리고 그 뒤를 잇는 내용 역시 미괄식 구조로 진행되고 있다. 이렇게 미괄식으로 글을 쓰면, 독자는 '필자가 말하고자 하는 바는 무엇일까?'를 계속 궁금해하면서 읽게 된다. 차라리 주장의 내용을 맨 처음에 한 줄로 요약해서 제시하고, 전반적인 문단의 구성도 두괄식으로 처리했으면 더욱 독해가 빨랐을 것이다.

중간에 전문가의 견해를 '인용'하여 근거를 제시했다. 이 주제와 관련해 충분한 권위가 인정되는 UN 식량특별조사관의 견해를 소개한 것은 잘했다. 다만, 출처를 명기했으면 더 좋았을 것이다.

막판에 나오는 〈오히려 GMO 식품은 대기업이 합법적으로 가난한 국가들을 상대로 자본을 축적하려는 새로운 전략의 일환일 수도 있다〉는 문장은 적절하지 않다. 이번 주장과 상관없는 문장이다.

에세이를 쓸 때도 혹은 다른 방식으로 논리를 전개할 때도 각각의 문장은 긴밀하게, 논리적으로 연관되어야 한다. 불필요한 혹은 부적절한 단어나 문장이 삽입되면 오히려 집중도를 떨어뜨린다.
지금 이 문단에서 필자가 하고 싶은 말은, "인류 식량난 해결의 문제는 오히려 적절한 분배로 가능하다."인 듯하다. 이 주장대로라면 이 문장은 삭제해도 좋다. 오히려 뒤에 나오는 소문단인 〈이미 경제계에 뿌리내린 GMO 식품〉에서 이 내용을 처리하면 좋다.

주장 2 . 생태계에 미치는 영향

GMO는 생태계에 영향을 준다는 점에서 한 가지 맹점이 있다. GMO가 야기하는 이 영향은 주로 부정적인 것으로, '슈퍼 잡초'가 그 대표 예이다. 해당 작물에서 유전 물질이 주변 잡초에 번져 내성을 갖게 된 것이 바로 이 '슈퍼 잡초'이다. 이 귀찮은 풀은 제초제로도 죽지 않는다. '슈퍼 잡초'의 사례는 인체에 대한 해로움의 유무

이외에 GMO가 생태계에 부정적인 영향을 끼칠 수 있음을 보여 주는 좋은 사례이다.

그리고 66만 마리 물고기 실험의 사례가 있다. 〈KBS 환경스페셜〉 제313회에서 방영되었던 이 물고기 실험의 내용은 이러하다. 순종 물고기 6만 마리와 GMO 물고기 60만 마리를 한 어항에 넣었더니, 순종 물고기의 암컷과 변종 물고기의 수컷이 교배했다. (유전자 조작을 거친 물고기가 힘이 더 좋기 때문에) 그 결과, 이 조합의 새끼들은 기형으로 태어났고, 제 수명을 다 살지도 못한 채로 사망했다. 결과적으로, 이 66만 마리 물고기의 자손은 10세대 만에 모두 사망해 멸종에 이르렀다. GMO가 인체에 무해하다 해도, 생태계 교란의 가능성이라는 커다란 문제는 결코 무시할 수 없는 사안이다

주장 2의 시작 역시 소제목처럼 처리했다. 이보다는 주장의 내용을 한 문장으로 요약해서 제시하는 것이 더 좋다. 예를 들어 'GMO는 생태계에 부정적인 영향을 준다.'고 하면 어떨까?

GMO가 생태계 교란에 미치는 부정적인 영향을 슈퍼 잡초와 물고기 실험이라는 두 가지 사례를 들어 설명했다. 적절한 사례다. 하지만 슈퍼 잡초의 경우는 출처를 밝혔더라면 더 좋았을 것이다.

주장 3 . GMO의 뗄 수 없는 꼬리표, 부작용

GMO에는 사라지지 않는 낙인이 있다. 바로 부작용이다. GMO의 부작용에는 몇 가지 유명한 사례들이 있다. 인체에 해가 있는가에

대한 사안은 아직까지 논란이 끊이지 않지만, 이 사례들이 사람들에게 GMO에 대한 부정적인 인식을 심어 준 것은 분명해 보인다.

1998년 영국에서는 〈푸스타이의 감자 실험〉이라는 사건이 있었다. 영국의 푸스타이 박사는 쥐에게 유전자 변형 감자를 먹이는 실험을 했다. 그런데 이 쥐에게서 발육 기능 저하, 면역력 저하, 위장 손상 등의 부작용이 일어났고, 박사는 이 사실을 그대로 발표했다. 하지만 영국왕립학회에서는 그의 주장을 묵살하고 연구 과정을 탓하면서 푸스타이 박사의 학위를 빼앗아 버렸다. 하지만 2000년에 푸스타이 박사를 위해 13개국 출신의 22명의 과학자들이 그의 연구를 지지하는 공개 선언을 함으로써 박사 학위가 복구되고 해당 감자의 상업화는 전면 취소되었다.

GMO 부작용의 또 다른 사례로 유명한 〈스타링크 옥수수 사건〉을 빼놓을 수 없다. 이 사건은 역시 1998년에 일어났다. 이것은 미 환경보호청(EPA)이 사료용·공업용으로만 허가된 한 회사의 GMO 옥수수인 스타링크 옥수수가 일반 옥수수와 뒤섞여 유통되며 일어난 사건이다. 이 옥수수는 얼마 가지 않아 적발되어 대규모 리콜 조치가 이루어졌다. 이 GMO 옥수수는 알레르기 유발 우려가 있었기 때문에 식용으로 허용되지 않았던 것이다. 이후 이 옥수수는 전 세계에서 멸시를 받으며 식품업에서 완전히 쫓겨났다.

또한 수년 전, 미국의 사회운동가 프랜시스 무어 라페가 미국 언론과의 인터뷰에서 "GMO를 먹인 동물의 자손에게 불임 가능성 높아진다."라는 내용의 말을 한 사례가 있었다.

이 외에도 수많은 사례들이 있었고, 앞으로도 많을 전망이다. 이러한 사실들은 이미 전 세계에 널리 퍼져 있는 GMO 식품이 언제 어떻게 부작용을 일으킬지 모른다는 불안감을 심어 주었다.

이제부터 GMO에 대한 더 구체적인 대책과 더욱 정밀한 검사 그리고 소비하는 개개인의 주의가 필요하다고 생각한다. 그러기 위해서는 우선 정부가 GMO에 대해 '소비자의 알 권리'를 더욱 충족시켜 주기를 바란다. 우리나라는 현재 상대적으로 GMO에 대한 경각심이나 정부의 정책이 많이 부족한 편이기 때문이다.

주장 3의 시작 역시 소제목처럼 처리했다. 이보다는 주장의 내용을 한 문장으로 요약해서 제시하는 것이 더 좋다. GMO가 일으키는 부작용을 두 가지 '사례'와 '전문가의 견해'를 통해 소개하고 있다. 적절하다. 하지만 출처를 명기했으면 더욱 좋았을 것이다.

이미 경제계에 뿌리 내린 GMO 식품

수많은 논란에도 불구하고 현재 GMO의 기술은 다양한 분야에 도움을 주는 기술로 각광받고 있다. 특히 식량 분야에서는 바이러스 등으로 인한 수량 감소나 품질 저하를 방지해 작물 수확량을 눈에 띄게 높였다. 이에 따라 각국에 경제 이익도 늘어나는 추세이다. 세계적으로 GMO 작물을 통해 총 270억 달러의 농가 소득이 발생했고, 가장 GMO를 많이 생산하면서 사고파는 미국의 경우, 129억 달러의 소득이 있었다고 한다. 이 사실을 통해 생각해 보았을 때, 많고 많은 논란 속에서도 꿋꿋이 세력을 확장해 온 GMO 식품이 나름대로 각국의 농업 경제에 도움을 주는 것처럼 보이기도 한다.

하지만 조금 다른 각도에서 생각해 보자. 과연 이 경제적 이익이 실질적으로 농업에 종사하는 이들에게 도움이 되는 것일까? GMO는 대부분 기업체에서 생산되는 것이지, 일반 농민들이 생산하는 것은 아니다. 그들은 GMO에 대한 지식도 부족하고 더군다나 환경을 항상 생각하는 이들이 GMO 식품의 작물 재배로 이익을 취한 사례에 대해서는 금시초문이다. 경제계에 어느 정도 뿌리 내린 GMO 식품이 농민들에게 도움을 주지 않는다면 이 또한 안타까운 일이라 하지 않을 수 없다.

1999년 이탈리아 400여 지역의 와인 생산자들이 GMO 없는 지역(GMO Free-Land)을 선언한 사례가 있다. 이후 전 유럽에서 농민들은 GMO 반대 운동을 펼쳤으며, EU는 미국과의 무역 갈등을 각오하면서까지 GMO 식품의 FTA 거래를 반대했다. 지난 2000년 이후 수년간 인도 마하수트라 주의 면화 재배 지역인 비다르바에서는 2,300여 명의 농민이 GMO 기술로 인해 큰 적자를 내고 자살하는 사태가 발생했다. 또한 미국에서는 앞서 언급한 바와 같이 작물의 유전물질이 해충에게 번져 살충제에 면역력이 생긴 '슈퍼 해충' 때문에 큰 피해를 입어 GMO 작물 재배를 중단하는 농부들이 늘었다.

GMO가 각국의 농업 관련 산업 부문에 상당히 큰 이익을 가져다준 것은 사실이지만, 그것이 기업을 위한 것인지, 아니면 순수하게 농부들을 위한 것인지 하는 것에 대해서는 의문이 든다.

이 부분은 주장의 하나인지 아닌지 불명확하게 처리되어 있다. 앞에서 서술한 방식대로 주장 4라고 하고, 이어서 하고 싶은 주장을 한 문장으로 요약해서 먼저 제시했다면 더욱 좋았을 것이다.

아마 필자는 "GMO로 인한 수익 증가는 기업만 살찌게 할 뿐"이라는 주장을 하고 싶었던 것 같다. 하지만 이탈리아의 사례는 GMO의 수익과 직접 관련이 있는 사례인지 충분히 설명하지 않았다. 결론으로 〈기업체만 살찌우고 있다〉는 주장에 적절한 근거로 제시할 수 있는지 의문이다.

결론. 옳고 그름의 문제

그런데 '유용한가, 그렇지 않은가?', '안전한가, 안전하지 않은가?'의 문제를 떠나 더욱 근본 논쟁거리가 있다. 바로 '옳고 그름의 문제'이다. 각자가 종교적 관점에서, 혹은 인간 본연의 마음으로 돌아가 생각해 보기 바란다. 인간이 '생명체'를 마음대로 조작하는 것이 과연 옳은 일인가? 인간이 살아 있는 생명마저 마음대로 다룬다면, 절대자는 필요 없는 것이고, 종교도 무의미한 것이 아닌가?

혹은 인간이 세계의 신으로 군림하는 것일까? 종교계에서는 모두 인간을 불안전한 존재로 믿고 있기에 GMO에 반대하는 경향이 강하다. GMO는 자연 상태에 없는 생명체를 인간이 자의적으로 만든 것이기 때문이다. 그리고 GMO는 왠지 만족할 줄 모르는 인간의 탐욕을 나타내는 표상이라는 느낌도 든다. 자연이 우리에게 준 수많은 선물들, 그중에서도 식량이 생산되기에 전 인류가 살아가는 것인데 인간이 그 자연을 마음대로 다루는 것은 은혜를 원수로 갚는 것처럼 보이기까지 한다. 옳고 그름의 문제를 다뤄 보니 GMO의 정당성 또한 심기를 불편하게 만든다.

이 부분은 결론이라고 하고 있지만, 내용상으로 볼 때 주장 5에 해당한다. 역시 하고 싶은 주장을 한 문장으로 요약해서 제시했으면 더욱 좋았을 것이다. 이 부분은 주로 필자 개인의 설명에 의존했다. 근거의 유형 가운데 '통계'나 '전문가의 견해' 같은 권위 있는 견해를 들었으면 좋았을 것이다.

글을 마치며

지금까지 이 글을 통해 GMO 식품과 관련된 사실을 알아보았다. '과학의 선물' 혹은 '과학의 만행'. GMO 기술은 이 두 가지 이름으로 대변되고 있다. 두 얼굴을 가진 GMO에 대한 유용성과 안전성 문제 그리고 정당성 문제와 관련된 논쟁은 끊이지 않고 있다.

개인적으로 GMO는 만물의 영장 인간의 권력 남용이고, 자본가들의 새로운 착취 수단이며, 심지어 실질적인 도움도 되지 않는 실패작인 것 같다. GMO에 매달려 기아 문제를 해결하기 전에 밥 한 숟갈을 먹더라도 죽어 가는 이웃을 떠올리는 것이 먼저이고, 생명을 마음대로 조작하기 전에 자연에게 감사하는 마음이 먼저라고 생각한다. GMO 식품의 생산이 점차 감소하고 인류가 양심을 되찾기를 바라는 바이다.

여기가 실제 결론에 해당한다. 본문에서 전개한 각종 주장을 다시 한번 간단히 정리하는 부분이 있었으면 더 좋았을 것이다.

총평을 하자면 이렇다. 고등학생이 쓴 글로, 다양한 조사를 하고 여러 가지 쟁점을 고려한 것은 좋았다. 하지만 서론과 본론, 그리고 결론을 명확히 구별했다면 더 좋았을 것이다. 그리고 본론의 경우 두괄식으로 논리를 전개하면 더욱 이해도가 높다.

주제에 대한 입장을 지지하는 주장은 3~4가지가 적당하다. 5가지를 넘어서면 독자의 피로도가 높아진다. 각 주장에 대한 근거를 대는 데 있어 구체적인 출처를 제시하면 더욱 신뢰도 있는 근거가 될 수 있다.

이 논리 구조를 그림으로 그려 보자.

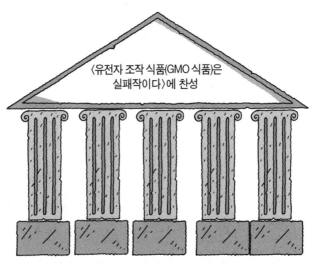

입장을 떠받치는 주장이 지나치게 많으면 듣는 이를 피로하게 할 수 있다.

먼저 이상의 논리는 5개의 주장이 있다. 그래서 기둥이 5개다. 좀 많아 보이지 않은가? 이럴 경우는 비슷한 것을 묶어 3~4가지로 정리하면 좋다. 4번째 기둥인 〈GMO 식품 사업의 수혜자는 기업일 뿐이다〉는 사례 하나가 충분히 설명되지 않아서 주춧돌이 조금 비켜 나가 있는 것으로 그렸다.

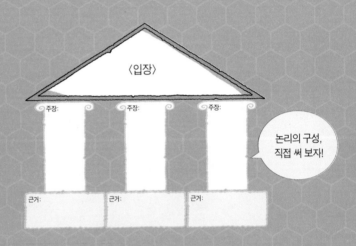

셋째 마당을 실습하고 나면 누구나
주제에 맞게 논리를 만들 수 있게 된다.
주제에 맞는 논리를 만드는 것에 익숙해지면
글쓰기와 말하기가 두렵지 않게 될 것이다.

셋째 마당

제대로 된 논리,
직접 만들어 보자

세상에는 수많은 사람이 산다.

사람뿐 아니라 온갖 동물도 한데 어울려 산다. 하지만 이들은 저마다 자기 입맛에 맞는 먹이와 옷과 집을 짓는다. 사람과 동물은 서로 아무리 같아지고 싶어도 그럴 수 없고, 사람과 사람도 아무리 똑같은 생각을 하고 싶어도 그럴 수 없다. 그러니까 같이 살아도 저마다 다른 세상을 꿈꾸며 산다. 어쩌면 논리도 마찬가지 아닐까? 우리는 같은 세상에 사는 사람의 빈틈을 찾으려고 논리를 배우는 게 아니다. 오히려 나와는 다른 세상이 있음을 알고 인정하려고 논리를 배운다. 그렇지 않은가? 어떤 주제에서 찬성 팀과 반대 팀의 논리가 똑같이 완벽하다면 우리는 어느 편에 서야 할까? 우문이다. 우리는 그저 선택할 뿐이다.

셋째 마당은 논리 제작방이다. 첫째 마당에서 우리는 논리의 기본 단위인 주장과 근거를 배웠다. 둘째 마당에서는 논리의 분석을 실습했다. 이를 바탕으로 복잡한 논리도 가장 기본적인 단위인 〈주장 ― 근거〉의 관계로 분석할 수 있음을 알았다. 또 각 주장은 그것이 지지하고 있는 입장을 잘 받치고 있어야 하고, 또 각 근거는 각각의 주장을 잘 뒷받침하고 있어야 한다는 것을 알았다.

이제 셋째 마당에서는 토론의 단골 주제로 여러 가지 논리를 만들어 본다. 방법은 크게 어렵지 않다. 그렇다고 쉽지는 않겠지만, 처음은 누구나 그렇다. 겁먹지 말고 도전해 보자.

주제는 모두 6가지를 제시한다. 또 그 주제에 맞게 논리를 만드는 데 필요한 〈아이디어 회의 엿보기〉도 제시한다. 여러분은 주제와 아이디어 회의를 보고 지금까지 우리가 그린 집 모양의 그림에 여러분의 논리를 만들어 넣기만 하면 된다. 그 그림은 다음과 같은 것이다. 이 그림의 각 구성 요소가 무엇을 뜻하는지는 이제는 익숙하리라 믿는다.

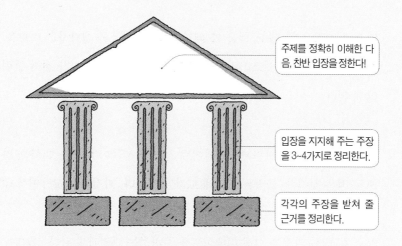

주제를 정확히 이해한 다음, 찬반 입장을 정한다!

입장을 지지해 주는 주장을 3~4가지로 정리한다.

각각의 주장을 받쳐 줄 근거를 정리한다.

논리를 만들어 넣을 때는 다음과 같은 점에 주의하자.

첫째, 주제를 정확히 이해한다. 예를 들어 〈초등학생은 교복을 입어야 한다〉는 주제는 〈학생은 교복을 입어야 한다〉는 주제와 전혀 다른 문제 의식이 필요하다. 주제에 나타난 몇 개의 단어만 보고 주제를 오해하면 큰일난다. 우선 주제가 던져 주는 문제 의식이 무엇인지 정확히 이해하자. 위그림에서는 지붕의 내용을 정확히 이해하는 것이다.

둘째, 이어 그 주제에 대한 입장을 지지해 주는 주장을 3~4가지로 정리한다. 그러니까 위 그림에서는 기둥이다. 이 기둥들이 정확히 지붕을 받칠수 있도록 내용을 적어 보자. 각 기둥의 두께는 서로 비슷해야 한다. 써 넣기 직전에 이 기둥이 정확히 지붕을 받치고 있는지 한 번 더 생각하자.

마지막으로, 주춧돌의 자리에 근거를 적어 넣는다. 개인적인 설명보다는 좀 더 권위 있는 근거들을 찾아보자. 출처를 정확히 할수록 신뢰도는 높아진다. 근거를 적기 전에도 한 번만 더 생각해 보자. 과연 이 근거가 정말로 그 주장을 뒷받침하는지 확인하자.

앞으로는 말을 할 때도, 글을 쓸 때도 우선 이 구조를 생각하는 버릇을 들이자. 이 구조가 자연스러워지면 앞으로 말하기와 글쓰기가 전혀 두렵지 않게 된다.

〈아이디어 회의 엿보기〉는 디베이트 참가 학생들이 나누는 대화를 가상으로 적은 것이다. 목적은 비교해 보기 위해서다. 이것과 비교하면서 내가 놓치고 있는 쟁점이 있는지 확인해 보자.

사실 이 대화 과정은 실제 디베이트를 준비하는 과정과도 같다. 혼자서 준비하든 여럿이 준비하든 마찬가지다. 함께 혹은 혼자서 이런 대화를 해보면 문제의 양상이 분명하게 드러난다. 이런 대화를 혼자서도 잘하는 사람이 바로 비판적 사고를 잘하는 사람이다.

마지막에는 실제 논리를 채운 예를 하나 집어넣었다. 이 예와 본인이 채운 논리를 견주어 보면 무엇을 놓쳤는지 확인할 수 있다.

비판적 사고를 제대로 하려면 꾸준한 디베이트 활동이 필요하다. 이 책을 다 읽었다고 비판적 사고를 정복했다고 생각해서는 안 된다. 이 책은 성공적인 출발점을 제시한 것이다. 비판적 사고가 내 것이 되도록 꾸준한 디베이트를 하자! 학생이든, 직장인이든.

주제 01 초등학생은 교복을 입어야 한다

주제는 〈초등학생은 교복을 입어야 한다〉이다. 디베이트 초보자들에게
흔히 제시되는 주제다. 반대 팀 입장에서 논리를 만들어 보자.

논리의 구성, 직접 써 보자!

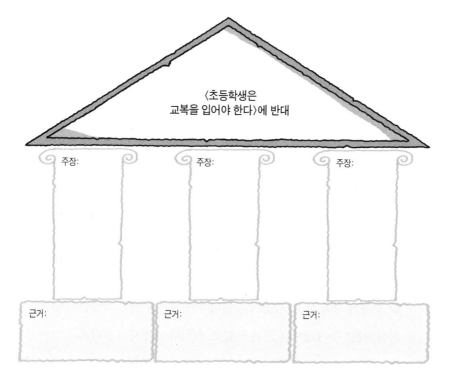

아이디어 회의 엿보기

"우리는 〈초등학생은 교복을 입어야 한다〉는 주제에 반대하는 입장이야."

"우선 주제를 잘 읽어 보자. 그냥 학생이 아니라 초등학생이야. 그러니까 모든 학생은 교복을 입어야 한다는 주제가 아닌 거야. 초등학생에게만 집중해야 해."

"요즘 중고생은 거의 다 교복을 입잖아? 그런데 대학생과 초등학생은 거의 안 입어."

"대학교 중에서도 특수한 곳, 그러니까 육사나 경찰대 같은 곳은 교복을 입지? 또 초등학교 중에도 사립학교 일부에서는 교복을 입는 것을 봤어. 그 점은 별도로 생각해 봐야 할 것 같아."

"어쨌거나 이렇게 학생들에게 교복을 입히는 일이 존재한다는 것은 그 교복이 필요하기 때문일 거야. 왜 필요할까?"

"범위를 좀 넓혀서, 교복이 아니라 제복이 사람들에게 주는 의미를 먼저 생각해 보자. 학생이 아니더라도 제복을 입는 사람들이 있잖아. 예를 들어 군인은 군복을 입고, 의사나 간호사도 유니폼을 입고, 경찰관이나 소방관도 제복을 입지. 사람들은 어떤 때 제복을 입고, 어떤 때 제복을 안 입을까?"

"우선 구별할 필요가 있어서겠지. 군인들이 군복을 안 입으면 아군인지 적군인지 구별이 되겠어? 병원에서도 모두 사복을 입으면 누가 의사이고 환자인지 구별을 하지 못할 거야."

"이번 기회에 정식으로 제복이 왜 필요한지 한번 조사해 보자. 그러면 교복이 학생들에게 왜 필요한지 짐작할 수 있을 거야."

"그런데 우리는 반대 팀인 것을 기억하면 좋겠어. 생각해 보자. 왜 대학생은 교복을 안 입을까? 또 초등학생도 대부분 안 입는 이유는?"

"대학생은 이미 어른인데 입으라고 한다고 입겠어? 육사나 경찰대 같은 곳은 특수하니까 예외로 한다 쳐도 일반 대학생한테는 씨알도 안 먹힐 거야."

"그들은 어른이니 그들의 판단을 존중해야 한다는 뜻? 멋있게 이야기해서 개인의 행복 추구권?"

"개인의 행복 추구권이라…. 그럴싸하네. 그럼 초등학생이 안 입는 것은?"

"아차, 그런데 또 유치원생은 거의 다 입잖아?"

"맞아. 유치원생은 거의 다 입는다. 왜 그럴까?"

"예뻐 보이잖아. 나는 유치원 아이들이 노란 옷 입고 걸어가면 꼭 병아리들 같더라. 귀여워."

"그러니까 미관상 그렇게 한다는 거지? 그것만 있을까?"

"안전도 생각했겠지. 예를 들어 유치원생들이 어디 박물관 같은 데를 가면 인솔하는 선생님은 무척 신경이 쓰이겠지. 유치원생은 너무 어려서 급한 일이 생길 때 상황 대처를 잘 못할 것 같아."

"맞아. 그럴 때 제복을 입혀 놓으면 한눈에 알아볼 수 있겠지?"

"그래, 유치원생에게 제복을 입히는 것은 안전의 이유가 클 것 같

아. 예뻐 보이라고 하는 것은 두 번째 이유가 될 수 있을 듯하고."

"그럼 중·고등학교 학생에게는 왜 교복을 입힐까?"

"사춘기에는 모두들 예민해져. 그럴 때 자기 마음대로 옷을 입으라고 하면 옷이나 액세서리에 신경 쓰는 학생들이 너무 많을 것 같아."

"학생의 본분인 학업에 소홀해진다는 뜻?"

"그게 이유가 될 수 있겠지."

"다른 이유는 없을까?"

"경제적인 이유도 있지 않을까?"

"경제적인 이유라니?"

"겨울철에 무슨 패딩이니 하는 것을 교복 위에 입는 것이 한창 유행했잖아. 수백만 원대 패딩을 입고 다녀야지 폼을 잡는다는 거야. 그런데 만약에 교복을 폐지하면 이런 문제가 더욱 심각해질 것 아니겠어?"

"아, 학생들 집집마다 경제 능력의 차이가 있는데, 그것이 옷을 통해 드러나면 역시 학교 분위기가 좀 산만해질 거야."

"음….그런데 반박도 가능할 것 같아. 아무리 교복을 입혀도 부잣집 애들은 티가 나잖아. 신발, 가방, 겨울철 외투, 전화기 같은. 무슨 얘기냐면 경제 격차를 안 드러내려고 교복을 입힌다고 해도 사실은 다 드러난다는 거야. 실효성의 문제가 있다는 뜻이지."

"그 말도 맞아. 하지만 가장 먼저 보이는 것이 옷 아닌가? 그 이유로 교복까지 자유화하면 문제는 더 심각해질 거야."

"중·고생에게 교복을 입히는 것은 관리의 문제도 있을 것 같아."

"관리라니?"

"사실 중·고생이 사고를 가장 많이 치잖아. 사춘기니까. 그럴 때 교복을 입히면 학교 밖에서도 금방 알아볼 수 있잖아? 그러면 선생님들의 학생 지도에도 도움이 될 것 같아."

"그것도 이런 반박이 가능할 것 같아. 어떤 애들은 아예 교복을 물품보관함 같은 데에 넣고 다른 옷으로 갈아입던데…. 그러니까 실효성이 없다는 뜻."

"똑같은 각도에서 재반박이 가능할 것 같아. 물론 그런 아이들이 있지. 하지만 이를 이유로 아예 자유복을 입게 하면 문제는 더욱 심각해질 거야."

"정리해 보자. 그러니까 중고생에게 교복을 입히는 것은 첫째, 좋은 학업 분위기를 만들려고, 둘째, 경제적인 불평등이 드러나지 않게 하려고, 셋째, 학생들 지도를 위해서라는 거지? 그렇다면 지금 초등학생에게 교복을 입히지 않는 것은 방금 말한 이유들이 통하지 않는다는 건데…."

"정리 잘했네. 그럼 하나하나 짚어 보자. 첫째로 중고생은 사춘기라 외모에 관심이 많기 때문에 교복을 입힌다는 것인데, 초등학생은 그럴 필요가 없다는 논리가 가능하네. 그럴듯한 것 같아. 사실 초등학생은 아직 어려서 외모에 크게 관심이 없잖아. 오히려 먹는 것, 노는 것에 더 관심이 많을 것 같아."

"노는 것이라고 했지? 그 말도 포인트가 될 수 있겠어. 사실 초등학생들이 운동장이나 놀이터에서 놀면 하루에도 옷을 몇 번씩 갈아입어야 할 수 있잖아. 그런데 교복을 입혀 놓으면 감당하기 어려울 것 같아."

"정리하면, 초등학생은 중·고생과는 달리 외모에 관심이 덜하고 또 활동량이 많기 때문에 교복보다는 자유복이 낫다는 말씀?"

"오케이. 한 가지 주장이 나왔다. 두 번째는 뭐였지?"

"중·고생이 교복을 입는 것은 두 번째로 경제적 불평등이 드러나지 않게 하기 위해서라고 했어. 이것도 역시 사춘기를 감안한 것인 것 같아."

"결국 초등학생은 경제적 불평등에 대해 중·고생만큼 예민하지 않기 때문에 상관없다는 말씀?"

"그걸 어떻게 입증할 수 있을까?"

"우선 이런 주장을 메모해 두고 자료를 조사할 때 확인해 보자."

"마지막으로 중·고생이 교복을 입어야 한다는 세 번째 주장도 생각해 보자. 관리의 문제가 있다고 했는데…."

"초등학생은 그 자체로도 구별되잖아. 중·고생은 교복을 입고 유치원생도 제복을 입으니 구별되는 것 같은데? 길 가다가 보면 초등학생은 대충 구별이 되지 않아?"

"그런 문제도 있지만, 초등학생은 아직 어려서 사고를 치는 경우도 거의 없을 것 같아. 문제는 사춘기 때 어른 흉내를 내는 중·고생이지."

"지금까지 이야기를 정리하면, 초등학생에게는 교복을 입힐 필요가 없다는 것은 역설적으로 말해서 교복을 입혔을 때의 효과가 없다는 것이네.

첫째, 자기 외모에 크게 신경쓰지 않는 단계이기 때문에 자유복을 입혀도 상관이 없고, 둘째, 경제적 차이에도 둔감하기 때문에 자유복을 입혀도 상관이 없으며, 셋째, 관리의 문제도 초등학생에게는 해당되지 않는다는 거네."

"다르게 정리하면 결국 자료 조사의 포인트는 초등학생 단계와 중·고생 단계가 어떻게 다른지 분명히 구별해야 한다는 뜻?"

"맞았어. 그게 포인트야. 과연 초등학생한테 어떤 특징이 있기에 교복을 안 입는지 조사해 봐야 해."

"덧붙여 자유복을 입혔을 때의 장점도 생각해 보면 좋겠어. 아까 말한 활동성 같은 것. 워낙 땀나게들 노니까 어쩔 때는 하루에도 여러 번 갈아입어야 하는데 교복은 그럴 수가 없지."

"그것도 역시 초등학생의 특징에 해당되는 부분일 듯한데?"

"마지막으로 사립 초등학교에서는 왜 교복을 입힐까?"

"구별하려는 거겠지? 좀 있어 보이잖아. 거기는 그럴 필요가 있어서 그렇게 하는 거겠지?"

"자, 그럼 지금까지 나온 이야기에 기초해서 자료를 찾아보자. 우리가 생각한 주장이 맞는지, 그에 걸맞은 근거들이 있는지 확인해 보자."

"오케이. 함께 이야기하니까 훨씬 많은 아이디어가 나오는데."

회의 내용에 따라 논리를 구성한 예

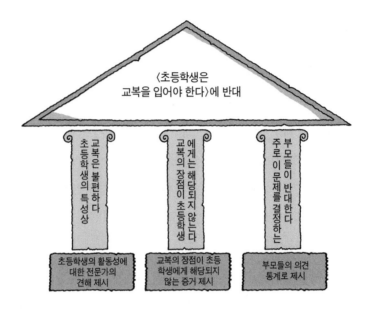

〈초등학생은
교복을 입어야 한다〉에 반대

교복은 불편하다
초등학생의 특성상

에게는 해당되지 않는다
교복의 장점이 초등학생

부모들이 반대한다
주로 이 문제를 결정하는

초등학생의 활동성에
대한 전문가의
견해 제시

교복의 장점이 초등
학생에게 해당되지
않는 증거 제시

부모들의 의견
통계로 제시

주제 02 외계인은 존재한다

이번 주제는 〈외계인은 존재한다〉이다. 디베이트 초보 단계에서 흔히 토론하는 주제다. 익숙한 주제이지만 정확한 주장과 이유를 집어넣어 보자. 이번에는 찬성 팀의 입장에서 논리를 만들어 보자.

논리의 구성, 직접 써 보자!

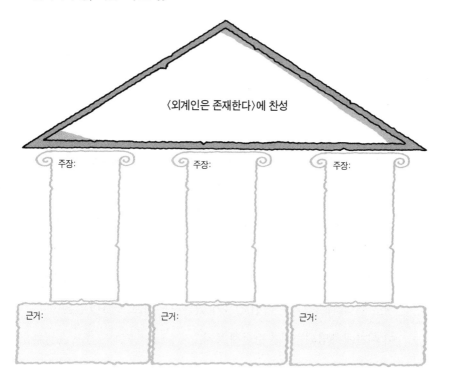

〈외계인은 존재한다〉에 찬성

주장:

주장:

주장:

근거:

근거:

근거:

아이디어 회의 엿보기

"왜 지금까지 외계인은 한 번도 공식적으로 드러난 적이 없지?"

"그러니까 논란이 되고 토론 주제가 되는 것 아니겠어? 우리 팀은 찬성 팀이니까 찬성의 논리를 생각해 보자."

"우선은 직접 증거는 아니지만 광범위한 방증이 있을 것 같아. 예를 들어 UFO에 관련된 기록과 관찰들은 아주 많잖아?"

"글쎄, 직접 증거 없이 방증만으로 입증이 가능할까? 지금까지 수많은 UFO 관찰 기록들이 있었지만 새나 비행기를 잘못 본 것으로 드러나고 있어."

"관찰자 개인의 한계 혹은 관찰 환경의 한계 같은 오류가 있을 수 있다는 거지?"

"그래. 그러니까 방증만으로는 상대 팀으로부터 쉽게 반박을 받을 수 있을 것 같아. 어떻게 하지?"

"재판 기록들을 뒤져 보자. 그러니까 재판에서 방증을 유력한 증거로 채택하는 경우는 어떤 경우가 있는지 알아보고 UFO 같은 일이 여기에 해당되는지를 판단해 보자."

"그리고 각종 방증들도 한번 평가해 보는 것이 좋겠어. 얼마나 믿을 수 있는 주장과 경험들인지 확인해 보자는 거지."

"이런 접근은 어떨까? 그러니까 외계인이라는 말이 존재한다는 것 자체가 외계인이 있다는 것을 증명하는 것이라고 주장하는 거야. 외계인이 없었으면 외계인이란 말이 생겼겠어?'

"글쎄, 중세 때 그런 논리가 있었다고 하더군. 그러니까 신의 존재를 증명하는데, 신이라는 말이 존재한다는 사실을 근거로 썼다는 거야. 그런데 그 논리는 성립하지 않는 것으로 결론이 났대. 예를 들어 용은 실재하지 않지만 용이란 말은 있잖아?'

"아, 그렇구나."

"내 생각에는 생명의 존재 조건을 조사해야 할 것 같아."

"생명의 존재 조건?'

"그러니까 어떤 조건에서 생명체가 존재하는지 과학자들의 견해를 조사해 보자는 거지. 그리고 그런 조건이 가능한 외계가 있을지 살펴보면 되지 않을까?'

"맞아, 얼마 전 뉴스에서 이런 이야기를 들었어. 나사(NASA)에서 조사를 했는데, 이 우주에는 지구와 같은 조건을 가진 행성이 존재할 가능성이 무궁무진하다고 하더군."

"이런 식으로만 주장하면 상대방은 근거를 대라고 할 거야. 그러니까 생명체 존재 조건에 대한 과학자들의 견해를 조사해서 정확히 인용하고, 또 나사에서 발표한 내용도 확인해서 그 구체적인 숫자를 확인해 보자고. 숫자나 통계가 주는 신뢰감, 그리고 전문가의 견해가 주는 신뢰감을 실어서 주장하자는 거지."

"지금 전문가의 견해라고 했지?'

"응."

"그 자체도 좋은 근거가 될 수 있을 것 같아. 예를 들어 스티븐 호킹 같은 분은 외계 생명체의 존재를 확신한다고 했거든."

"스티븐 호킹 같은 분이라면 이 문제에 관한 한 권위 있는 전문가라 할 수 있겠는데?"

"그러니까 그런 여러 전문가들의 견해를 조사하면 또 다른 근거가 나올 수도 있을 것 같아."

"정리하면 이렇군. 첫째, 지금까지 각종 외계인이 존재한다는 방증으로 제시된 것들을 살펴봐서 이 중에서 근거가 될 수 있는 것들을 골라내 본다. 둘째, 생명의 존재 조건을 확인하고, 우주에 지구와 같은 조건의 행성이 얼마나 있는지 확인해 본다. 셋째, 이 문제에 관한 전문가들의 견해를 조사해 본다."

"좋아. 그런데 우리 논의가 주제에 충실한지는 다시 한번 고려해 봐야 할 것 같아."

"무슨 이야기지?"

"지금 주제는 〈외계인은 존재한다〉지? 그 말은 〈외계 생명체는 존재한다〉는 주제와 다르다는 뜻이야. 그런데 우리가 생각한 '생명의 존재 조건을 확인하고, 우주에 지구와 같은 조건의 행성이 얼마나 있는지를 확인해 보자.'는 입증 방법은 〈외계 생명체는 존재한다〉는 주제에 해당되는 것이잖아."

"아하, 그러니까 외계인은 외계에서 온 사람이란 뜻이라는 거지? 외계 생명체는 좀 더 넓은 개념이고."

"그래. 스티븐 호킹 박사 같은 전문가들의 견해도 마찬가지야. 그분들이 한 말을 정확히 살펴보면 외계 생명체의 가능성을 확신하는 거지, 외계인은 아니거든."

"휴, 잘못했더라면 상대 팀한테서 '상대방은 지금 주제를 잘못 해석하고 있습니다.' 같은 지적을 받을 뻔했네."

"그래. 그러니까 둘째와 셋째 주장은 외계 생명체와 외계인의 관계를 충분히 염두에 두면서 살펴봐야 해."

"그래. 우선 이렇게 정리하고 자료를 찾아보자. 자료를 찾다보면 좀 더 좋은 주장이 나올 수도 있을 거야."

회의 내용에 따라 논리를 구성한 예

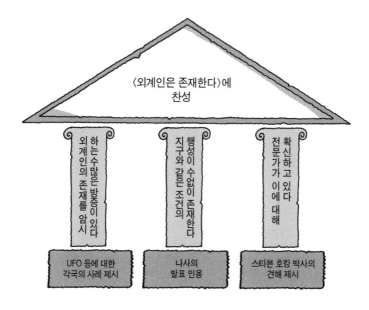

주제 03 전봇대 불법 게시물 부착 방지 패드에 대한 세금 사용을 중지해야 한다

이번에는 〈전봇대 불법 게시물 부착 방지 패드에 대한 세금 사용을 중지해야 한다〉는 이색적인 주제로 생각해 보자.

찬성 팀의 입장에서 논리를 만들어 보자.

논리의 구성, 직접 써 보자!

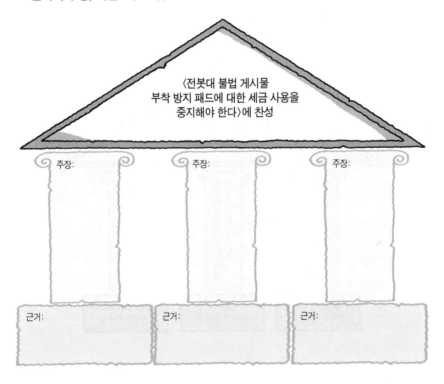

아이디어 회의 엿보기

"오늘 주제는 좀 어려운걸?"

"우선 중요한 어휘를 생각해 보자. '전봇대 불법 게시물'까지는 알겠지?"

"음. 전봇대에 아무렇게나 막 붙이는 광고물 같은 것이겠지."

"그럼 '전봇대 불법 게시물 부착 방지 패드'는 뭘까?"

"전봇대에 불법 게시물을 붙이는 것을 막는 패드라는 뜻이겠지."

"맞아. 요즘 시내를 돌아다니다 보면 전봇대에 이전에는 볼 수 없었던 이상한 것들이 붙어 있어."

"광고물 같은 것을 전봇대에 못 붙이게 표면을 우둘투둘하게 처리한 것이지."

"그래. 그게 전봇대 불법 게시물 부착 방지 패드라는 거야."

"어떤 것은 수세미 천처럼 처리한 것도 봤어."

"요는 전봇대에 불법 게시물을 붙이면 보기 좋지 않으니까 이를 방지하려고 덧대어 붙인 것들을 전봇대 불법 게시물 부착 방지 패드라고 하는 거야."

"여기까지는 알겠어. 그런데 여기에 대한 세금 사용을 중지해야 한다는 것은 무슨 뜻일까?"

"그런 패드를 붙이는 데 누구 돈을 쓰겠어? 세금을 쓰겠지? 그렇다면 이번 주제는 그런 일에 세금을 쓰지 말자는 이야기야. 우리 팀은 그 찬성 팀이고."

"가장 먼저 제시할 수 있는 주장은 실효성이 없다는 것 아닐까? 처음에는 깨끗하게 보여도 어떤 사람은 호치키스로 찍어서 그 위에 붙이기도 하고, 또 어떤 사람은 테이프를 360도 돌려서 전단지를 붙이기도 하던데?"

"맞아. 기껏 국민 세금을 들여 그런 패드를 부착했는데 효과가 없다면 큰 문제겠지?"

"실효성이 없다는 것은 그 방법이 이 문제를 처리하는 근본 접근이 될 수 없다는 거야."

"그렇다면 어떤 방법이 근본 접근이 될 수 있을까?"

"자, 먼저 이런 행위를 국가 차원에서는 어떻게 대처하는지 찾아보자."

"경범죄에 관한 자료를 찾아보는 것이 좋겠어. 길거리 아무 데에나 자기 광고물을 붙이는 것은 범죄의 일종 아닐까? 중범죄는 아니더라도 말이야. 그렇다면 이미 그런 행위를 어떻게 처벌하는지 규정이 마련되어 있을 듯한데…. 심지어 거리 간판에도 규정들이 다 있잖아."

"맞아. 그런 규정이 이미 있다면 그 규정대로 처벌하면 되는 것 아닌가? 그런데 정작 이는 제대로 안 하고 이런 패드를 세금을 들여 붙인다면? 그것도 제대로 효과도 나지 않는다면?"

"참고로 조금 다른 이야기를 해 볼게. 요즘 밤에 명함이나 전단지를 길바닥에 뿌리고 다니는 사람들이 있더라고. 하룻밤 저녁 광고 효과를 노리고 하는 것이지. 어차피 청소는 그다음 날 하니까.

그런데 그다음 날 환경미화원들이 힘들게 청소해서 제거하더라고. 그 환경미화원에게 주는 월급은 누가 마련해? 국민의 세금 아냐? 나는 그걸 보면 늘 화가 나. 왜 불법을 저지른 사람들에게 책임을 묻지 않고, 그들은 방치한 채로 국민의 세금을 들여 청소를 하냐는 거야. 이건 환경미화원들을 고생시킬 일이 아니지. 근원적으로 이 일을 못하게 막는 것이 바른 일 처리 아닐까?'

"맞아. 불법 행위가 있다면 이를 못하게 하고, 그래도 하는 사람이 있으면 처벌해야지. 그런데 정작 이는 놔둔 채로 국민 세금을 들여 그 뒤처리를 한다면 말이 안 되지."

"즉 이번 주제의 핵심 문제 의식은 '우리 사회는 가벼운 불법 행위를 어떻게 처리하는 것이 좋은가?'에 대한 것이라는 거지?"

"내 말이 그 말이야. 불법 게시물을 단속해서 해결해야지, 왜 거기에 국민 세금을 들여 패드를 달아. 효과도 없는데."

"그 돈이 얼마나 들까? 지방 자치 단체들은 거의 다 이렇게 하고 있을 텐데…."

"그 돈의 규모 자체가 우리 주장의 근거가 될 수 있을 것 같아. 아마 막대한 돈일 텐데, 그 돈을 더 좋은 곳에 쓰면 좋지 않겠어?"

"이런 패드를 붙이는 데 돈이 얼마나 드는지 자료를 찾아보자."

"정리해 보자. 첫째는 이런 경범죄를 어떻게 처리하는 것이 좋은지 그 원칙을 조사해 보고, 둘째는 얼마나 많은 돈이 여기에 쓰이는지 확인해 보자. 셋째는 실효성 문제를 제기하고."

"우리 주장이 상대 팀한테 어떤 반박을 받을지도 한번 생각해 보면 좋겠어."

"반박을 받기보다는 대안이 뭐냐고 따지고 들 수도 있을 듯해. 전국의 그 수많은 전봇대를 어떻게 국가 기관이 관리하냐는 거지. 모든 전봇대에 감시 카메라를 달 수 있는 것도 아니고….'

　"우리 주장이 비현실적이라고 반박할 수 있다는 거지?'

　"전파라치 제도를 운영하자고 하면 어떨까?'

　"전파라치라니?'

　"파파라치를 응용한 말이야. 전봇대에 불법 게시물을 붙이는 장면을 찍어서 보내 주거나 사진을 보내 주면 포상금을 주는 거야.'

　"포상금은 어떻게 마련하지? 그걸 위해 또 세금을 쓰면 패드 다는 거랑 별 차이가 없잖아.'

　"포상금은 불법 게시물 부착에 대한 벌금으로 재원을 마련한다고 하자. 그러면 될 것 같아.'

　"좋은 생각! 그래, 그런 방향으로 자료를 찾아보자.'

회의 내용에 따라 논리를 구성한 예

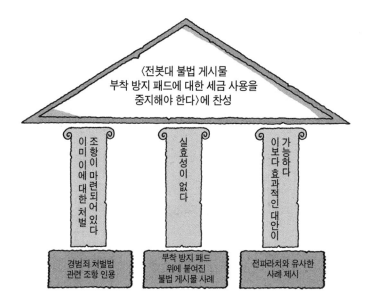

〈전봇대 불법 게시물
부착 방지 패드에 대한 세금 사용을
중지해야 한다〉에 찬성

조항이 이미 마련되어 있다
이에 대한 처벌

실효성이 없다

가능하다
이보다 효과적인 대안이

경범죄 처벌법
관련 조항 인용

부착 방지 패드
위에 붙여진
불법 게시물 사례

전파라치와 유사한
사례 제시

주제 04 미국 달러는 미국 정부가 발행해야 한다

이번엔 좀 어려운 주제다. 〈미국 달러는 미국 정부가 발행해야 한다〉는 주제에 찬성 팀의 입장에서 논리를 만들어 보자. 이 주제를 정확히 이해하면 지금 전 세계 차원에서 겪는 금융 위기를 정확히 이해할 수 있다.

논리의 구성, 직접 써 보자!

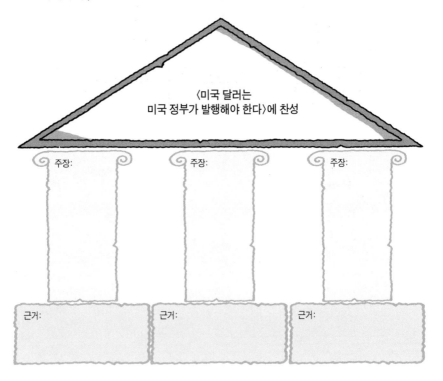

아이디어 회의 엿보기

"미국 달러를 미국 정부가 발행해야 한다고? 그럼 지금까지 미국 정부가 발행하지 않고 누가 발행한 거야?"

"미국 연방준비위원회가 미국 달러를 발행하지."

"연방준비위원회라면 정부 기관 아닌가?"

"연방이란 말이 붙어서 정부 기관 같은데, 그게 사실은 사기업이라는 주장이 있어. 지분도 있는…."

"세상에…. 그럼 지금까지 전 세계의 기축 통화인 미국 달러를 사기업이 발행해 왔다는 거야?"

"그러니까 우선 미국 연방준비위원회의 정체를 알아봐야겠다."

"그런데 왜 미국 달러를 연방준비위원회에서 발행할까?"

"그것도 자료 조사의 대상! 그 역사의 흐름을 찾으면 문제가 좀 더 분명해질 것 같아."

"지금 이야기는 연방준비위원회에서 달러를 발행한 과정이 합법이었냐는 것을 확인하자는 거지? 만약 그 과정에서 불법성이 드러난다면 그건 우리에게 좋은 주장이 될 수 있을 듯한데."

"좋은 생각이다."

"그동안 미국 정부는 뭘 하고 있었지? 화폐 발행권은 국가의 고유한 권한 아닌가?"

"그것도 자료 조사 대상. 그런데 음모론이 있어."

"음모론이라고? 점입가경이네. 어떤 음모론일까?"

"그동안 미국의 몇몇 대통령이 화폐 발행권을 되찾으려는 노력을 한 적이 있었는데, 공교롭게도 모두 암살당했다는 거야."

"세상에…. 이건 무협지보다도 더 흥미로운데?"

"너무 흥분하지 말고, 우리는 찬성 팀이니까 찬성할 거리를 더 생각하자."

"말한 것처럼 우선 화폐 발행권이란 말을 조사해야 할 것 같아. 그리고 화폐 발행권과 국가와의 관계를 조사해 봐야 하고."

"그렇지. 왜 국가가 화폐 발행권을 가져야 하는지 입증해야 해."

"화폐 발행권이 사기업에 있을 때 생길 수 있는 부작용도 알아봐야겠군."

"상대 팀은 의회 등의 통제를 받기 때문에 공공성을 훼손하지 않는다고 주장하겠지? 그러니 어떤 부작용이 있는지 확인해야 해."

"이번 주제는 아무래도 공부를 많이 해야 할 것 같은데…."

"어떤 공부?"

"금융자본론이라는 분야가 있잖아. 이 문제는 반드시 그 분야를 공부해야 할 것 같아. 그래야 이 주제의 배경도 정확히 이해할 수 있지 않을까?"

"주제 하나를 위해 학문 분야 하나를 공부해야 하다니…."

"그 덕에 공부한다고 생각하는 것이 좋을 듯!"

"우리나라와 대비해 보는 공부도 필요할 듯해."

"그렇지! 한국은 정부 기관인 한국은행에서 화폐를 발행하니까 좋은 비교가 될 수 있겠어."

"그 차이점을 찾다가 보면 새로운 시사점도 나올 것 같아."

"아, 한 가지 아이디어!'

"뭐?'

"미국에서 박사를 하고 온 우리 작은아버지가 한국은행의 국장으로 계시거든. 그분에게 좀 배경 설명을 해 달라고 하면 도움이 많이 되지 않을까?'

"전문가의 견해를 확보하자, 이 말씀?'

"이번 주제는 공부할 양이 많으니까 바로 시작해 보자."

회의 내용에 따라 논리를 구성한 예

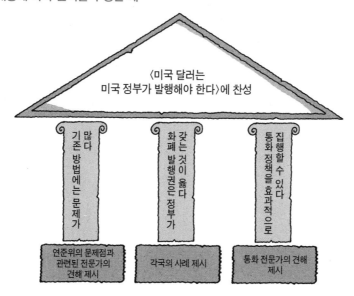

주제 05 인간의 DNA에 대한 특허를 허용해야 한다

이번에도 어려운 주제다. 바로 〈인간의 DNA에 대한 특허를 허용해야 한다〉이다. 이 주제에 대해 정확히 이해하면 최근 의학계의 화두를 알 수 있다. 반대 팀의 입장에서 논리를 만들어 보자.

논리의 구성, 직접 써 보자!

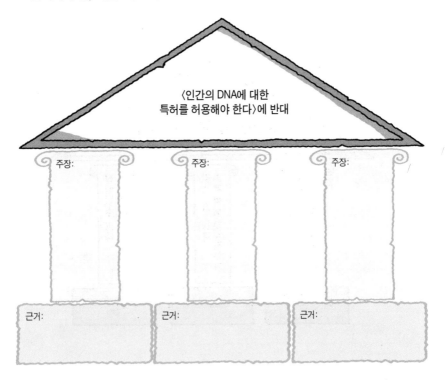

〈인간의 DNA에 대한
특허를 허용해야 한다〉에 반대

주장:

주장:

주장:

근거:

근거:

근거:

아이디어 회의 엿보기

"이번 주제도 좀 어렵다!"

"먼저 특허라는 말을 정확히 이해해야 해. 인간의 DNA가 특허 대상이 될 수 있는지가 문제가 될 수 있으니까."

"두산백과사전에 보니 '특허는 행정법상으로는 특정인에 대하여 일정한 법률적 권리나 능력, 포괄적 법령 관계를 설정하는 설권적·형성적 행정 행위를 의미한다. 특허법은 발명을 보호·장려하고 그 이용을 도모함으로써 기술의 발전을 촉진하여 산업발전에 이바지하기 위하여 제정된 것으로서 이 법의 요건을 충족하는 발명에 대하여 독점적으로 이용할 수 있는 권리를 부여한다.'고 나왔는데?"

"좀 더 찾아보자. 특허의 대상이 될 수 있는 것과 될 수 없는 것."

"여기 특허 사무실의 설명을 보니, 인체를 대상으로 한 수술 방법이나 진단 방법은 특허의 대상이 없다고 나왔는걸."

"그러니까 인간의 DNA는 아예 특허의 대상이 안 될 가능성이 있는 거야."

"첫 번째 주장이 나왔네. 인간의 DNA는 특허의 대상이 아니다!"

"우선 정확한 법조문을 찾아보거나 아니면 이 분야 전문가의 설명을 들어보자."

"변리사 사무실을 한번 찾아가 봐야겠다."

"작년에 신문을 보니까 미국에서는 인간의 DNA가 특허의 대상이 될 수 없다고 판결했다고 하던데."

"왜 이런 것이 문제가 될까?"

"잘못하면 인류에 너무 큰 나쁜 영향을 미쳐서 그런 것이 아닐까?"

"어떤 나쁜 영향?"

"그러니까 인간의 DNA를 특허 대상으로 하면 이를 미리 특허로 확보해서 엄청난 돈을 벌 수 있잖아?"

"어떻게 인간의 DNA로 돈을 벌 수 있을까?"

"예를 들어 당뇨와 관련된 DNA를 찾아냈다고 해 봐. 그럼 이를 특허로 신청해서 이와 관련된 치료제를 만들면 어마어마한 돈을 벌 수 있을 것 아니야?"

"그런 연구를 죽 해 온 사람들에게도 적절한 보상이 있어야 할 텐데…."

"하지만 에이즈 치료제 같은 경우 아프리카 사람들은 너무 비싸서 복용을 하지 못해 피해가 크다는 이야기를 들은 적이 있어."

"아, 상업적인 목적에만 치중해서 특허를 이용하면 그 혜택을 받아야 하는 보다 많은 사람들에게 오히려 불이익을 줄 수 있다는 거지?"

"맞아."

"두 가지 주장이 가능하네. 하나는 인간의 DNA는 특허의 대상이 아니라는 주장, 또 하나는 인간의 DNA에 대해 특허를 부여하면 인류에게 큰 피해를 준다는 주장. 주장이 한 가지 더 있으면 좋겠는데…."

"더 이상은 잘 생각이 안 나네."

"좀 철학적으로 접근해 보는 것은 어떨까?"

"어떻게?"

"그러니까 인간의 DNA를 특허의 대상으로 하자는 주장은 크게 봐서 인간의 신체를 특허의 대상으로 하자는 주장이잖아. 하지만 우리는 인간은 존엄하다고 배웠지. 존엄의 대상인 인간의 신체가 무슨 권리 같은 것의 대상이 될 수 있을까?"

"좋은 생각이다. 생각해 보니 인간의 신체를 특허의 대상으로 한다는 것은 무언가 인간을 좀 저급한 대상으로 다루는 것처럼 느껴지네."

"그럼, 다 정리되었다. 이렇게 해 보자. 먼저 변리사 사무실을 가서 인간의 DNA가 특허의 대상이 될 수 있는지 법리적인 해석을 구해 보자. 그다음에 에이즈 약처럼 어떤 치료 기술이 상업화되어 인류에 나쁜 영향을 미친 사례들을 찾아보자. 마지막으로 인간의 존엄성에 대한 공부를 좀 해 보자."

"그래 그 방향으로 조사를 하고 또 이야기해 보자."

회의 내용에 따라 논리를 구성한 예

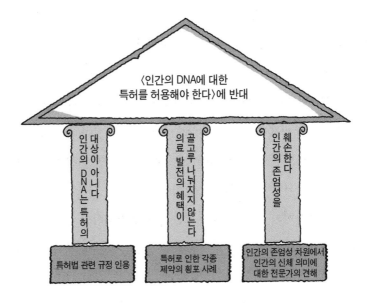

〈인간의 DNA에 대한
특허를 허용해야 한다〉에 반대

인간의 DNA는 특허의 대상이 아니다

골고루 나눠지지 않는다 의료 발전의 혜택이

인간의 존엄성을 훼손한다

특허법 관련 규정 인용

특허로 인한 각종 제약의 횡포 사례

인간의 존엄성 차원에서 인간의 신체 의미에 대한 전문가의 견해

주제 06 당나라를 끌어들인 신라의 삼국 통일은 정당하다

이번에는 역사 주제다. 〈당나라를 끌어들인 신라의 삼국 통일은 정당하다〉이다. 반대 팀의 입장에서 논리를 만들어 보자.

논리의 구성, 직접 써 보자!

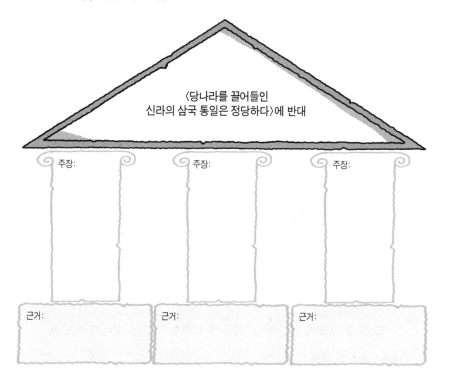

〈당나라를 끌어들인
신라의 삼국 통일은 정당하다〉에 반대

주장:

주장:

주장:

근거:

근거:

근거:

아이디어 회의 엿보기

"나는 신라가 중심이 되어 삼국 통일을 한 것이 아쉽다고 생각해. 고구려가 했으면 더욱 좋았을 것을…."

"왜 그렇게 생각하는데? 마침 우리 편이 반대 팀이네."

"우선 영토가 줄어든 것이 가장 아쉬워. 고구려가 통일했으면 그 광활한 만주 벌판이 우리 땅이 되는 것 아니었겠어? 그런데 신라가 통일하는 바람에 한반도도 제대로 차지하질 못했지."

"그러니까 우리 팀 주장 중 하나가 〈영토 손실〉이 되겠네."

"또 있어. 여기에 당나라를 끌어들인 것 자체가 잘못되었어. 한국 역사에 사대주의가 자리잡게 된 이유가 여기에서 출발한다고 생각해."

"그러니까 두 번째 주장은 〈사대주의 전통의 시발점〉이라는 것이겠네."

"고구려가 했으면 영토도 넓어지고, 또 무엇인가 주체성도 강화되었을 것 같은데…."

"그런데 다르게 생각해서, 역사에서 가정이 갖는 의미가 무엇인지도 생각해 보자."

"역사에서 가정이 갖는 의미라니?"

"우리가 역사를 읽을 때 안타까운 순간들이 많잖아. 예를 들어,

구한말에 갑신정변이 성공했더라면…. 이런 생각을 하곤 하지? 실제 안 일어났는데 일어났다고 생각해 보는 가정 말이야. 그런데 실은 이게 무의미하잖아. 그저 상상해 보는 것일 뿐."

"아, 상대 팀이 이런 가정은 무의미하다는 측면에서 반박을 해 올 때를 대비하자는 뜻이구나."

"맞아."

"하지만 가정을 안 하더라도 영토가 줄어들고, 우리 역사에서 사대주의 전통이 생긴 시발점이 된 것은 사실인 것 같은데? 하여간 자료를 조사할 때 그런 점에 주의하자."

"계속 상대 팀의 논리를 예상해 보자. 우선 어쨌거나 한민족이 처음으로 단일한 국가를 이뤘다는 의미를 강조하지 않겠어?"

"하지만 내가 알기로는 민족이라는 개념은 근대적인 개념인데…."

"무슨 이야기지?"

"역사상 민족이라는 개념이 전면에 제기된 것은 근대 이후라고 알고 있어. 이는 거꾸로 말하면 그 이전에는 민족이란 개념이 약했거나 없었다는 거야. 그러니까 신라가 삼국 통일을 할 때 '한민족을 통일하기 위해서'라는 말은 의미가 없다는 거지. 그때는 그런 개념이 없었으니까."

"그렇다면 중요한 문제가 또 하나 제기되겠네. 예를 들어 역사적 사건을 평가할 때 그 평가의 지점이 어디냐는 문제."

"그러니까 '최초의 한민족 통일'이라는 입장은 지금 현재에서 과거를 평가하는 기준이고, 당시의 시점에서 당시의 사건을 평가할 때는 의미가 달라진다는 뜻이 되지."

"그렇구나."

"이 평범해 보이는 주제에서도 그런 깊은 논의가 필요해. 관련된 책도 찾아서 읽어보자. 전문가들의 견해도 알아봐야겠고."

"멋진 디베이트가 되겠는걸. 역사에서의 가정의 의미도 생각하고, 또 역사 평가의 지형도 생각하고…."

"역사 평가의 지형을 고려할 때 사대주의 문제도 조심스럽게 다뤄야 할 것 같아."

"왜 그렇지?"

"당시 민족 개념이 없었다는 뜻은 다르게 말하면 신라 입장에서는 백제나 고구려나 당나라나 모두 적군이었다는 뜻이지?"

"그렇겠지. 맨날 서로 싸웠으니까."

"그랬을 때 신라 입장에서 당나라와의 연합은 백제와의 연합, 고구려와의 연합과 다를 바가 없었다는 거야. 그 당시에는."

"중요한 포인트야. 그렇다면 우리는 비록 당시 민족 개념이 없었다고 해도 신라와 고구려와 백제의 동질성을 찾아봐야겠다."

"그렇지. 당나라와 당시 3국은 다르다. 당시 3국은 동질성이 더 많았다는 점을 확인해 봐야 할 것 같아."

"그래, 그런 점들에 주의해서 자료를 찾아보자."

회의 내용에 따라 논리를 구성한 예

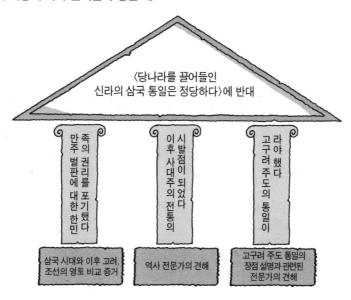

〈당나라를 끌어들인
신라의 삼국 통일은 정당하다〉에 반대

만주 벌판에 대한 한민족의 권리를 포기했다

이후 사대주의 전통의 시발점이 되었다

고구려 주도의 통일이라야 했다

삼국 시대와 이후 고려, 조선의 영토 비교 증거

역사 전문가의 견해

고구려 주도 통일의 장점 설명과 관련된 전문가의 견해

논리의 부재, 말장난에
통쾌한 반격을 날리는 무기

상대의 논리의 집을 허물어뜨리고 싶을 때, 다음을 기억하라!

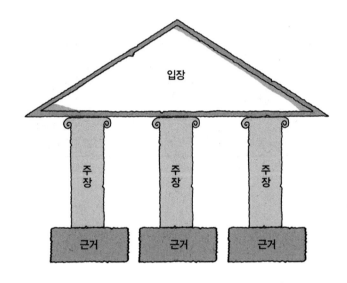

주장할 때 흔히 나타나는 6가지 논리의 오류

01 흑백 논리의 오류	02 의도 확대의 오류	03 은밀한 재정의의 오류
04 원천 봉쇄의 오류	05 애매문의 오류	06 애매어의 오류

제대로 된 근거를 위한 7가지 비밀 병기

01 전문가의 견해	02 숫자와 통계	03 관찰과 경험	04 인용
05 증거	06 사례	07 추론	